《江西省哲学社会科学成果文库》编辑委员会

主　任　　祝黄河

成　员（按姓氏笔划为序）

| 万建强 | 王　晖 | 何友良 | 吴永明 | 杨宇军 |

| 陈小青 | 陈东有 | 陈石俊 | 祝黄河 | 胡春晓 |

| 涂宗财 | 黄万林 | 蒋金法 | 谢明勇 | 熊　建 |

江西省哲学社会科学成果文库

JIANGXISHENG ZHEXUE SHEHUI KEXUE
CHENGGUO WENKU

资源型城市产业结构调整与优化
——以江西省萍乡市为例

ADJUSTING AND OPTIMIZING INDUSTRIAL STRUCTURE
OF RESOURCE-BASED CITIES

陈卫民　张奇林　江　耘　著

社会科学文献出版社
SOCIAL SCIENCES ACADEMIC PRESS (CHINA)

总 序

作为人类探索世界和改造世界的精神成果，社会科学承载着"认识世界、传承文明、创新理论、资政育人、服务社会"的特殊使命，在中国进入全面建成小康社会的关键时期，以创新的社会科学成果引领全民共同开创中国特色社会主义事业新局面，为经济、政治、社会、文化和生态的全面协调发展提供强有力的思想保证、精神动力、理论支撑和智力支持，这是时代发展对社会科学的基本要求，也是社会科学进一步繁荣发展的内在要求。

江西素有"物华天宝，人杰地灵"之美称。千百年来，勤劳、勇敢、智慧的江西人民，在这片富饶美丽的大地上，创造了灿烂的历史文化，在中华民族文明史上书写了辉煌的篇章。在这片自古就有"文章节义之邦"盛誉的赣鄱大地上，文化昌盛，人文荟萃，名人辈出，群星璀璨，他们创造的灿若星辰的文化经典，承载着中华文明成果，汇入了中华民族的不朽史册。作为当代江西人，作为当代江西社会科学工作者，我们有责任继往开来，不断推出新的成果。今天，我们已经站在了新的历史起点上，面临许多新情况、新问题，需要我们给出科学的答案。汲取历史文明的精华，适应新形势、新变化、新任务的要求，创造出今日江西的辉煌，是每一个社会科学工作者的愿望和孜孜以求的目标。

社会科学推动历史发展的主要价值在于推动社会进步、提升文明水平、提高人的素质。然而，社会科学的自身特性又决定了它只有得到民众的认同并为其所掌握，才会变成认识和改造自然与社会的巨大物质力量。因此，社会科学的繁荣发展和其作用的发挥，离不开其成果的运用、交流与广泛传播。

为充分发挥哲学社会科学研究优秀成果和优秀人才的示范带动作用，促进江西省哲学社会科学繁荣发展，我们设立了江西省哲学社会科学成果出版资助项目，全力打造《江西省哲学社会科学成果文库》。

《江西省哲学社会科学成果文库》由江西省社会科学界联合会设立，资助江西省哲学社会科学工作者的优秀著作出版。该文库每年评审一次，通过作者申报和同行专家严格评审的程序，每年资助出版30部左右代表江西现阶段社会科学研究前沿水平、体现江西社会科学界学术创造力的优秀著作。

《江西省哲学社会科学成果文库》涵盖整个社会科学领域，收入文库的都是具有较高价值的学术著作和具有思想性、科学性、艺术性的社会科学普及和成果转化推广著作，并按照"统一标识、统一封面、统一版式、统一标准"的总体要求组织出版。希望通过持之以恒地组织出版，持续推出江西社会科学研究的最新优秀成果，不断提升江西社会科学的影响力，逐步形成学术品牌，展示江西社会科学工作者的群体气势，为增强江西的综合实力发挥积极作用。

祝黄河

2013 年 6 月

前　言

面对当今国际金融危机的深远影响，以及世界经济增长速度减缓、全球需求结构变化明显的形势，我国出台和实施了"十二五"规划，提出推进重点产业结构调整，优化产业布局，加强企业技术改造，以期提升整体产业发展水平。江西省萍乡市作为老工业城市，具有较好的产业基础，工业经济发展较快，但仍然存在产业结构不合理，第一、第三产业拉动经济能力不强等问题。虽然该市不断引进新兴产业，但传统产业仍占主体，资源型产业比重过大。2007年，萍乡市经国务院批准，经由国家发改委、国土资源部、国务院振兴东北办联合下文确定为我国首批12个资源枯竭转型试点城市之一，之后充分利用"三张城市名片"（享受东北老工业基地优惠政策的城市、全国第二批循环经济试点城市、全国首批资源枯竭转型试点城市），以调整产业结构为核心，在加快经济发展方式转变中推动城市转型，并取得了一定的成效。

本书从循环经济增长理论、公共经济理论，以及可持续发展理论的视角，以产业结构的相关理论，以及产业结构演进的一般规律为基准，研究了萍乡市产业结构调整与经济转型的必要性、转型思路、转型特色和基本特点等问题，并结合现代城市发展的趋势，建立了以转变经济发展方式为主导的资源型城市发展转型评价指标体系，科学评价与分析了萍乡市产业结构转型的基本表现与实现程度，并分析了如何通过技术创新和制度安排，加快产业结构调整，从而促进萍乡市的产业转型。

全书共分七章。第一章绪论，介绍了资源型城市产业转型调整的研究背景、历史与现状，对国内外有关研究成果进行了综述，提出了本书的研究内容、研究方法。第二章在阐述产业结构的相关理论以及产业结构演进的一般规律的基础上，进一步阐述产业结构优化的一般理论，以及影响产业结构变动的因素，最后提出了区域产业结构优化的一般理论。第三章介绍了我国资源型城市发展状况，界定了何为资源型城市，阐述了资源型城市的界定标准，分析了我国资源型城市的发展状况。由于资源的限制，许多资源型城市遇到了如产业结构严重失衡、生态生存环境破坏严重、财政收支矛盾突出和民生问题日益凸显等问题，迫切需要转型。第四章主要研究萍乡市的产业结构调整与经济转型，简述了萍乡市面对产业结构调整与经济转型的必要性、紧迫性和困境，努力探索的出路，即建立"两个机制"——资源开发补偿机制和衰退产业援助机制；推动"三个转变"——转变产业结构、转变发展方向、转变发展方式，促进协调发展；提出"四个对接"——对接央企、对接外企、对接民企、对接科企，抓项目，其中又把对接央企作为重中之重并发挥金融拉动效应。然后，讨论了萍乡市产业转型的特点。第五章对萍乡市的经济转型进行实证分析，建立了资源型城市经济转型绩效评价指标体系，进行了三次产业结构分析、经济发展绿色评价、产业结构及其效益分析和单位 GDP 能耗比较分析。通过实证分析，研究发现萍乡市的经济转型取得了很大成效。第六章研究国内外资源型城市产业结构转型的经验与教训。国外发展的状况对于我国资源型城市经济转型在制订转型计划、人员安置、发展替代产业等方面有所启示；国内的其他资源型城市的建设和发展也为萍乡市的产业结构转型提供了一些思路。第七章提出了对萍乡市产业结构调整与优化的思考与建议，使用 SWOT 模型，对萍乡市产业转型的优势和劣势进行了分析和评价；根据增长极理论，提出了萍乡市产业结构调整与优化的思路；根据萍乡市的实地工作经验，阐述了萍乡城市转型与可持续发展的规划和建议。总的说来，本书内容较为系统、全面、深入，既注重理论构建，又注重实践应用，集学科交叉的独特性、创新性与前瞻性于一体。

　　本书由陈卫民拟定大纲并负责撰写工作的组织协调。各章的撰写具体分工如下：第 1 章、第 4 章和第 7 章由陈卫民撰写，第 3 章和第 6 章由张奇林撰写，第 2 章和第 5 章由江耘撰写，全书由陈卫民修改统稿。

　　本书的撰写虽几经努力，但限于能力与水平，难免有不足与疏漏之处。同时，资源型城市的产业结构转型是一个不断发展变化的研究领域，在实践当中会出现新情况、新问题，需要我们不断探索与实践并总结提高。本书的一些观点、理论和方法也需要在实践中进一步完善。因此，恳请各位专家、学者和广大读者批评指正，也期待与我们有共同兴趣的同仁一起交流探讨。

陈卫民

2012 年 11 月 15 日

目　录

第一章　绪论 …………………………………………………………… 1
　第一节　研究的缘起 …………………………………………………… 1
　第二节　资源型城市转型的国内外研究状况 ………………………… 6
　第三节　研究视角、方法与主要内容 ………………………………… 25

第二章　产业结构调整与优化的相关理论 ………………………… 31
　第一节　产业结构相关理论及演进规律 ……………………………… 32
　第二节　产业结构优化一般理论 ……………………………………… 38
　第三节　影响产业结构变动的因素 …………………………………… 40
　第四节　区域产业结构优化一般理论 ………………………………… 45

第三章　我国资源型城市发展状况 ………………………………… 65
　第一节　资源型城市的界定 …………………………………………… 65
　第二节　资源型城市概况 ……………………………………………… 70

第三节　资源枯竭型城市面临的困境 …………………………… 72

　　第四节　资源型城市的转型 ………………………………………… 74

第四章　萍乡市的产业结构调整与经济转型 ……………………… 79

　　第一节　萍乡市产业结构调整与经济转型的必要性 ……… 79

　　第二节　萍乡市的经济转型思路 ………………………………… 89

　　第三节　萍乡市经济转型的特色研究 …………………………… 94

　　第四节　萍乡市产业转型的基本特点 …………………………… 99

第五章　萍乡市经济转型的实证分析 ……………………………… 106

　　第一节　经济转型的评价标准 …………………………………… 106

　　第二节　萍乡经济转型实证分析 ………………………………… 112

第六章　国内外资源型城市产业结构转型的经验与教训 …… 139

　　第一节　外国资源型城市产业结构转型的四种模式 …… 139

　　第二节　两个日本案例 …………………………………………… 143

　　第三节　国际经验和教训给我们的启示 ……………………… 146

　　第四节　国内资源型城市产业结构转型的经验 …………… 149

第七章　萍乡市产业结构调整与优化的思考与建议 …………… 154

　　第一节　萍乡市产业结构转型的效果评价 …………………… 154

　　第二节　萍乡市产业发展的SWOT分析 ……………………… 155

　　第三节　基于增长极理论的萍乡市产业结构转型发展的
　　　　　　思路 …………………………………………………………… 157

第四节　萍乡市产业结构调整与城市转型应注意的几个
　　　　问题 …………………………………………… 173
第五节　优化萍乡市产业结构的对策建议 ……………… 182

参考文献 ………………………………………………… 221

后　记 …………………………………………………… 235

第一章 绪论

第一节 研究的缘起

一 研究的缘起

"资源型城市"是指生产和发展与资源开发有密切关系，以所在地的矿产、森林等自然资源开采、加工为主导产业的城市类型，如大庆、克拉玛依、攀枝花等。

在工业化过程中，资源型城市是国民经济和区域经济发展的重要"增长极"，为城乡建设提供了大量的煤炭、石油、天然气和各种矿石，为国民经济发展作出了重大贡献。但在片面强调"大上快上""高产高效"的粗放方式发展思想指导下，长期以来，在资源开发利用方面，各城市普遍存在重开采、轻加工，污染严重、保护欠缺等问题。开发强度大，回收率低，浪费严重，导致资源型城市从"资源依赖"到"资源消耗"又到"资源浪费"，从自然环境可承受演变为自然环境遭到严重污染。大规模的工业活动、超强度的开采已经逼近资源和环境的承载极限，威胁到人类的生存。人类面临三大生态风险：一是以气候恶化、经济动荡和社会冲突为标志的全球生态安全问题；二是以资源枯竭、环境污染和生态破坏为特征的区域生态环境问题；三是以贫穷落后、超常消费和野蛮开发为诱因的生态健康问题。它们都与经济增长方式有很大关系，而且与自然资源（特别是化石能源）的大规模开发和不合理利用紧密联系在一起。

当前，我国经济既有资本主义国家早期工业化时的环境污染、资源耗竭的贫困病，又存在后工业化国家过度消费、奢侈浪费的富裕病。环境问题正威胁着国家和民族的生态安全。党中央倡导建设资源节约型、环境友好型社会，实现国民经济可持续发展是保障我国生态安全、建设全面小康的社会主义强国的重大国策。

资源节约就是要少消耗，以较少的资源投入获得较高的产出；环境友好就是在尽可能保护环境的前提下实现经济的高速增长。然而，由于技术水平、体制、发展方式的制约阻碍了我们的前进，调整产业结构，转变经济发展方式，成为当前的紧迫任务。

2007年12月18日，国务院发布的《关于促进资源型城市可持续发展的若干意见》（国发［2007］38号）指出：资源型城市为我国经济社会发展作出了突出贡献，但在发展过程中积累了许多矛盾和问题——经济结构失衡、失业和贫困、接续替代产业发展乏力、生态环境破坏严重、维护社会稳定压力大等，提出了要"加快资源枯竭城市经济转型，解决好民生问题"。

平稳、较快地完成转型发展已经成为现今中国的当务之急，而资源型城市只有较好地完成转型，才能实现可持续发展，从而更好地为中国经济和社会发展作出贡献。当前，资源与环境对经济发展的制约作用越来越明显，传统粗放式的经济增长和非生产性公共产品短缺的发展模式难以持续。城市发展转型要改变经济发展的传统状态，突出高质量的经济增长，体现人与自然、社会与政府、经济活动与自然资源的和谐发展，实现自然资源的集约利用，达到社会共享机制的完善与自然环境的改善。

二 研究意义

资源型城市产业结构转型研究涵盖了经济、社会、生态、文化等方面，本质上是跨学科问题，其研究须融合产业经济学、发展经济学、区域经济学、资源经济学、环境经济学、公共管理学、城市经济学以及地理科学的成果，呈现出学科交叉与知识融合的特征。已有研究虽然提出资源型城市产业结构转型问题涉及的学科广泛（齐建珍等，2004），但由于跨学科操作的难度，实际上尚未形成完整的理论体系。因此，本书把对萍乡市资源型城市产业结构调整与优化的研究作为应用跨学科研究方法的宝贵探索。

资源和资源型产业都有一定的生命周期。可供开采的自然资源迟早都会枯竭。资源的枯竭会使资源型企业的产出越来越少，市场逐渐萎缩，从而导致主导产业和所在城市的衰退。为避免城市走向消亡，资源型城市应"未雨绸缪"，早做产业转型的准备，实现资源型城市的可持续发展。但事实上，由于制度变迁的路径依赖和体制、资金、市场、人才等方面因素的影响，资源型城市的产业转型会遇到很多困难，需要深入研究，探索解决之道。因此，本书的研究具有以下几点现实意义。

（1）有利于促进国民经济的良性发展。当前，仍有不少资源型城市处于困境，主要是因为主导资源产业步入资源开采的中后期，产业门类单一，产业结构不合理，产业链短，缺乏市场竞争力，投资环境存在缺陷。只有进一步完善市场经济体制改革，实现产业结构转型才能够实现持续发展。

（2）进行资源型城市产业转型研究是市场经济条件下的迫切要求。一方面，我国资源型产业是计划经济的产物，受计划经济体制影响较深。另一方面，我国市场经济体制还不完善，市场竞争机制尚不健全，导致一些地区的资源型企业封闭经营，资源配置效率低，规模效益差，资源品市场四分五裂、秩序混乱。而资源型产业是"产业链"的上游产业，同时又是国民经济的支柱产业，资源型产业和资源品市场的种种问题会影响到其他产业和企业的良性发展，影响到我国社会主义市场经济体制的健全与完善。

（3）进行资源型城市产业转型研究是城市可持续发展的客观需要。经济发展、环境友好、社会和谐是实现城市可持续发展的三个有机联系的子系统。其中，环境是基础，经济是条件，社会是保障。三个子系统的协调运作取决于城市资源的合理利用、经济的健康发展、社会和谐稳定、生态环境良好等诸多支撑条件，如城市基础设施、对外开放程度、吸纳资本的能力、人力资本的存量和质量、创造和研发能力的高低、经济结构是否合理、经济效益的高低、经济增长速度、居民生活质量等多项指标。资源型城市实现了全面转型，城市的发展才能够进入良性循环。

（4）进行资源型城市产业转型研究是提高城市综合实力和核心竞争力的关键环节。资源型产业的产品属性（产品初加工比重大，附加值低，利润率低）决定了该产业长期存在资源和利润双重外流的现象。同时，不可再生资源的逐步耗竭会推高生产成本。因此，对资源型产业的依赖会弱化城市的积累能力，从而降低城市的竞争力和创新能力。而缺乏创新能力的城市在市场分工中只能承担初级产品的生产，固化对资源的强烈依赖，导致产业结构不断低级化的恶性循环。伴随着资源的逐渐枯竭，各种深层次矛盾逐渐暴露，影响经济发展和社会稳定。资源型城市只有彻底实现转型，优化产业结构，通过管理创新和技术创新，提升竞争力和资源有效利用率，在产业转型过程中，重新培育经济增长点，才能在市场竞争中表现出后发的综合实力，并具有凝聚力和吸引力，从而实现经济发展和社会稳定，使城市获得新生。

发达国家资源型城市产业转型起步早，为我国提供了很多的经验教训。但由于国情不同、市情不同，我们不能照搬发达国家资源型城市的转型模式与政策。因此，针对不同类型、不同发展阶段的资源型城市，开展资源型城市产业转型理论与模式研究，是十分必要和迫切的。

产业转型是江西省萍乡市目前面临的一个严峻挑战。萍乡市是经国务院批准的，由国家发改委、国土资源部、国务院振兴东北办联合下文确定的我国首批12个资源枯竭转型试点城市之一。对萍乡市产业结构调整和优化的研究，对萍乡市有着非常重大的意义。第一，能够作为政府有关部门制定产业转型规划和措施的参考，也可为资源开发企业决策提供理论指导。第二，能够为正在进行的资源枯竭型城市转型试点实践提供理论指导，帮助试点工作取得成功，使萍乡成为我国转型示范城。第三，能够大力推动萍乡市产业转型，实现经济的可持续发展，同时保持良好的生态环境，使萍乡成为新型工业城、生态宜居城、繁荣和谐城。总之，能够帮助萍乡走出一条符合科学发展要求的转型之路，实现经济、社会和环境和谐共处，实现经济社会又好又快发展。另外，对萍乡市产业结构调整和优化的研究，能够为国内其他资源型城市产业转型提供可资参考和借鉴的经验与模式，以更加有效地解决资源型城市产业转型的问题。

第二节　资源型城市转型的国内外研究状况

资源型城市产业转型既是一个重大的现实问题，也是一个重大的理论问题。国内外学者对这个问题进行了深入研究，并取得了丰富成果。本研究试图对这些成果做一梳理，为后面的研究奠定基础，但难免挂一漏万。

一　国内研究状况

（一）综合性研究——问题与对策研究

1. 少数学者运用一种新的理论工具或者从一种比较独特的视角对产业转型问题进行了探索

王如松（2003）运用复合生态系统管理理论来分析资源、环境与产业转型之间的内在关联性，从而找出促进它们和谐发展的对策。他对生态产业的概念进行了界定,认为生态产业是在生态文明建设的背景下,运用生态学理论进行规划的产业,强调发展经济和保护环境二者之间的和谐。产业生态管理有宏观管理和中观管理两个不同的层面,前者从国家和世界的宏观维度考虑经济发展和生态安全之间的关系,后者是从中观区域——某一地区或者城市的维度来考虑这个问题,但是二者都强调产业规划要与国家、区域的环境、社会等方面相协调。庞娟(2006)从风险的角度对资源枯竭型城市产业转型进行了研究。这是一种比较独特的研究视角,认为产业转型必然要面对一系列的风险,例如产业进退风险、劳动就业风险等,并就如何应对风险提出了具体构想,例如主要是在产业技术、结构、组织和政策方面进行创新。

2. 部分学者从创新的角度对资源枯竭型城市的产业转型问题进行了探讨

学者们都认为资源枯竭型城市存在产业结构不合理、资源依赖度高等方面的问题,导致技术、制度等方面严重滞后,影响到资源型城市的可持续发展。例如,郭淑芬、高策(2003)认为由于在发展观念、生产技术等方面比较落后,区域产业群既有结点的自主创新能力不强。赵秀峰(2001)认为资源型城市的产业主要是资源开采型产业,这种产业往往以重工业为主,且大部分处于产业链上游,产品的技术含量和附加值偏低,为了获得更多利润,只有投入更多资源,长期发展下去,资源型城市经济最终将无法摆脱一种内在的刚性和惯性。庞娟(2006)认为资源型产业没有高新技术和高层次人才等方面的优势,加上产业进退机制不配套,不可避免地形成了产业进退的壁垒和风险。钱勇（2005）认为创新能力弱、区域创新系统不成熟等是目前我国资源型城市中区域创新系统的先天性缺陷。王元月、马蒙蒙、张一平（2002）从技术创新的角度对资源型城市产业转型进行了探讨，认为要实现产业转型就必须有技术创新的支持，但资源型城市往往在技术和人才方面存在着劣势，限制其创新。因此，学者们都认为要顺利实现资源枯竭型城市产业转型就必须加强各方面的创新，包括观念创新、技术创新、组织创新和制度创新等方面。例如，郭淑芬、高策（2003）认为企业要以技术创新来促进产业转型，企业技术创新必须有政策、观念、资金等方面的支撑，同时要加强产学研合作。赵秀峰（2001）、汪克夷等（1999）、刘玉劲等（2004）都认为要通过技术创新来促进产业结构升级与优化。庞娟（2006）认为要从结构创新、技术创新、产业组织创新、产业政策研究与管理创新等方面来抵御各种产业转型风险。钱勇（2005）基于区域创新系统的视角，认为资源型城市产业转型必须有区域创新系统的支撑。"区域创新系统是指区域网络各个创新要素（企业、公共研究机构、教育培训机构、金融机构、政府机构和中介机构等）在协同作用中结网而创新，并融入到区域创新环境中而组成的系统。"可以通过如下途径来完善区域创新系统：首先，科学规划区域发展；其次，通过市场机制配置绝大部分矿业资源的开采权；再次，政府鼓励企业开设分支机构；最后，在必要时对政府所属经济、科技与教育机构进行搬迁，以改善区域创新系统。田红娜（2009）也从区域创新角度，以大庆市为例对我国的资源型城市转型进行了研究。张米尔和武春友（2001）、徐建中和赵红

(2001)都强调要进行制度创新,以便为产业转型提供制度保障。王元月、马蒙蒙、张一平(2002)认为首先要创造条件引进高层次人才,在此基础上探索适合城市特点的创新形式,例如独立创新型、孵化创业型、联合开发型、依托开发型、引进开发型。

3. 从市场的角度对资源型城市产业转型问题进行探索

学者们都认为在资源型城市产业转型中,除了要发挥政府的作用,还要重视市场机制的作用。张秀生、陈先勇(2001)认为,市场化程度低是资源型城市产业转型的一大障碍,因此,要深化市场改革:第一,政企分开,让企业成为真正的独立法人;第二,发挥市场机制的作用,规范资源产品的价格,让市场来配置矿产资源;第三,对资源型国企也要实行多种所有制实现形式。钱勇(2005)认为资源型产品同质程度非常高,市场竞争并不集中在市场营销、售后服务等方面,给资源型企业管理创新的压力不大,企业创新能力当然低下。因此,应该通过市场机制配置绝大部分矿业资源的开采权,由市场形成产品价格。赵天石(2004)认为,理论上讲市场机制是能够促进资源型城市产业结构转型的,但是目前情况并非如此,市场机制在这个方面的作用没有充分发挥出来,反倒成了障碍。原因是资源间的替代除了受市场机制影响以外还受技术进步影响,而且影响的周期比较长。作者强调要适度发挥政府间接调控的职能,培育更多的市场微观主体与处于垄断地位的国企进行同等竞争,以培育规范和成熟的市场环境,发挥市场机制的调节作用。最为关键的是要妥善处理国家、市场与企业之间的关系,尤其是政府绝对不能越位,要实现三者之间的协同性。

4. 部分学者从产业退出、主导产业选择和产业替代等产业转型机制的角度进行了研究

（1）对产业退出时机、退出途径等方面的研究。赵天石（2004）认为产业转型需要具备一定的客观条件，并要经历一个渐进的过程，决不可一蹴而就。因此，在产业转型的过程中，不能在短期内完全放弃传统的资源型产业，而要利用它来为接续产业的成长提供时间和资金等方面的支持，而且支持越大、时间越长，对产业转型越有利。刘玉劲等（2004）认为产业转型要遵循产业发展规律，并因地制宜地选择转型路径。产业退出有增量型退出和存量型退出两种路径：前者是通过发展新的产业，并逐步吸纳原有产业的生产要素，降低原有产业的比例；后者是在原有产业内部进行转型升级。

（2）对产业接续、产业延伸和产业替代的研究。赵天石（2004）认为要延伸产业链，并把下游深加工、高科技和高附加值的产业发展壮大，这需要发挥传统主导产业的联动性，带动相关产业的发展。刘玉劲等（2004）认为资源型城市产业转型其实就是产业接续和替代产业形成并逐步发展成为主导产业的过程。张米尔、孔令（2003）对资源型城市产业转型的模式进行了较为深入的研究，提出三种主要模式：第一，产业延伸模式，即在现有基础上，大力发展处于产业链下游的、对资源进行精深加工利用的加工业产业群；第二，产业更新模式，即利用现有条件发展全新的产业群，降低对原有资源的依赖程度；第三，复合模式，即产业转型是采用产业延伸和产业更新模式的复合。于立、姜春海（2005）对产业转型进行了研究，认为所谓资源型城市的产业转型，是指通过发展包括接续产业和替代产业在内的接替产业，使非资源产业逐步替代资源产业成为主导产业，降低对不可再生资源的依赖程度。同时提出了"小转型"和"大转型"的概念。前者指发展接续产业，其实质就是延长产业链；后者指发展替代产业，即发展与原有资源产业没有直接关联的非资源产业。

（3）对主导产业选择的研究。吴奇修（2005）提出了主导产业的概念，并提出选择新兴主导产业要遵循"3+4"原则，即科技创新原则、现有优势利用原则、比较优势原则、潜在增长性原则、带动性强原则、扩大就业原则和可持续发展原则，还强调这7项原则中的前面3项具有普适性，后面4项则具有特殊性，是专门针对资源型城市而言的。

（4）对产业转型机制的研究。姜春海（2006）认为各级政府都应该负起资源枯竭型城市产业转型的责任，其中最主要的是"建立资源开发补偿、衰退产业援助和替代产业扶持三个机制，以供资源枯竭型城市政府对资源开采、初加工以及配套产业具体实施援助"。其中，资源开发补偿机制是产业转型的基础，也是三个机制的基础；衰退产业援助机制的核心内容是资源型国企的退出；替代产业扶持机制的实质就是扶持替代产业的发展。作者还强调，要充分实现三个机制之间的协作，还需要政府提供相关的政策支持，如财税、金融、环境等。

（二）从社会支持系统角度，如政府职能调整和财政支持等角度对资源型城市产业转型进行的研究

1. 对政府在资源型城市产业转型中的作用进行的研究

伍新木、杨莹（2004）就政府对资源型城市发展的影响和作用进行了研究，通过总结我国产业发展史以及借鉴外国城市转型的经验，认为政府在如下方面应该有所作为：成立专门负责机构并制定相关政策；提供资金支持；搭建技术创新的平台；改善基础实施等。闫丽红（2007）以辽宁阜新市为研究对象，认为资源枯竭型城市转型给政府带来了前所未有的挑战，政府对城市转型是心有余而力不足，因此要及时有针对性地调整政府职能，以提高政府领导城市转型的能力。例如，为转型提供制度保障和政策平台，着力解决转型过程中产生的就业问题等民生问题。赵天石（2004）认为，政府应该运用经济和法律手段对市场进行间接的宏观调控，例如打破资源型国企的垄断格局，培育众多的微观市场主体，与国企平等竞争，由市场来促进产业结构的转型等。钱勇（2005）认为，在建立与完善区域创新系统的过程中，政府应该及时规划区域发展，培育和规范资源产权市场，制定政策鼓励和支持区域资源共享。姜春海（2006）认为政府对产业转型负有不可推卸的责任，具体就是"中央和省级政府应该建立资源开发补偿、衰退产业援助和替代产业扶持三个机制，以供资源枯竭型城市政府对资源开采、初加工以及配套产业具体实施援助"。

2. 对资源枯竭型城市产业转型中的财政支持进行的研究

姜春海（2006）对这个问题进行了深入的研究，认为：①资源枯竭型城市产业转型需要财政、土地、环境等多种政策的支持，其中，财政政策居于核心地位；②中央和地方政府都应该提供相应的财政扶持资金以保障资源枯竭型城市顺利进行产业转型，资金的筹集要"分级统筹，各尽所能"，遵循这样的原则：中央财政出大头，省级财政出中头，资源枯竭型城市财政出小头，具体出资比例要根据地方财力和具体转型项目难度等因素而定；③财政扶持资金应该主要投放在如下四个领域：生态环境治理、基础设施改造、资源枯竭型国有企业的退出、对产业转型项目的直接扶持；④为了保证财政扶持资金的有效使用，还必须建立财政扶持资金使用的监督机制，从两个层面进行监督：一是上级政府对资源枯竭型城市政府的监督，二是资源枯竭型城市政府对企业的监督。

（三）区域性案例研究

1. 对萍乡市以外的区域案例研究

（1）东北地区的案例

由于东北三省的资源型城市约为全国的 1/4，其中典型资源型城市约为全国的 1/3，而且我国确认的首批资源枯竭型城市中东北也占半壁江山，所以东北地区的资源型城市产业转型问题是学者研究的重点。

第一，对东北地区案例进行宏观、总体性的研究。宏观、总体性是相对于微观、具体性而言的，即学者没有以东北地区具体某一个城市为对象，而是把整个东北地区作为一个整体性案例来研究。张秀生、陈慧女（2009）在我国首批确定的 12 个资源枯竭型城市（阜新、伊春、辽源、萍乡、焦作、石嘴山、白山、盘锦、白银、大冶、个旧和大兴安岭）中选取了 9 个地级城市（阜新、伊春、辽源、萍乡、焦作、石嘴山、白山、盘锦、白银）作为研究对象，通过相关指标的核算，发现生态恶化、产业结构单一、比例失衡等问题严重制约着资源枯竭型城市经济的发展。解决这些问题的对策包括：建立衰退产业援助机制，培育壮大接续替代产业，发展现代农业，大力发展第三产业。宋冬林（2004）从东北老工业基地实情出发提出了转型对策：必须从规划区域经济发展的高度审视城市转型问题，并从制度、资源、产业调整等方面进行全方位的综合性治理。具体来说就是，一要把产业转型纳入当地经济发展规划，从全局高度统筹解决；二要因地制宜，"一市一策"；三要对接续产业进行援助，包括金融支持和政策支持；四要重视人力资源的重要作用；五要建立完善的生态和资源补偿机制；六要进行区域合作，借助周边的资源。张维达、王连忠（2005）把东北地区的资源枯竭型城市分为三大类：煤炭型城市、石化型城市和林木型城市，并且归纳了如下特点：规模大，产业接续不连贯，资源利用率低，发展乏力等。因此这些城市的转型面临着诸多困局。解决问题的对策包括：更新观念，发展股份合作制，发挥区位优势，明确转型方向。沙景华、佘延双（2006）依据产业经济学及区域经济学的理论，运用因子分析方法，分析了东北地区12座资源型城市的产业结构转换能力，并对城市产业结构转换的速度和方向进行了比较分析，最后给出了转型核心对策：要因市而异，发挥地方比较优势。王晓来（2005）认为，东北地区资源型城市转型要适时选择和发展合适的替代产业，并强调要注意资源开发的具体情况以及政策等因素。

第二，对东北地区具体的案例进行研究。刘云刚（2000）以我国大庆市为例，探讨了东北地区资源型城市产业结构的特征、转型面临的问题，并提出了相应的对策。他认为要继续坚持石油产业的主体地位，并发展下游的石油精、深加工工业，逐步转型到资源加工型产业；进行技术创新，发展外向型产业；优化产业发展环境。李晶（2006）对著名的"恒山模式"进行了研究。"恒山模式"的核心经验就是把产业转型与环境治理相结合，具体做法是：对矿山的生态环境进行修复，把地质灾害区建设成国家矿山公园的重要景区，通过发展旅游业带动相关产业的发展，成功实现产业转型和经济的可持续发展。孟韬（2007）对阜新、辽源市产业转型定位的不同选择进行了比较分析。他从理论层面对资源枯竭型城市的产业转型定位进行了分析，认为产业转型定位，即主导产业的选择是核心问题，并总结出转型定位的六种模式：土地资源替代型、劳动替代型、资本接续型、资本替代型、技术接续型和技术替代型。他对阜新和辽源市分别提出了针对性建议：对阜新市而言，要选择现代农业及其加工业为主导替代产业，要以阜新矿业集团为主体发展接续产业，并延伸产业链；对辽源市而言，要发展以新材料产业和纺织服装、机械制造等为主导的替代产业，以辽源矿业集团对煤矸石、粉煤灰等资源进行开发利用为主体的接续产业。他通过两市的转型实践得出启示：产业转型是解决资源枯竭型城市问题的主要途径，但转型定位要因地制宜并配套体制改革；接续产业与替代产业不可偏废，并应逐步壮大替代产业。

（2）西部地区的案例

张秀萍、张佳佳、刘莹、李猛（2010）运用循环经济理论对内蒙古自治区包头市石拐区产业升级的实践进行了考察。其具体做法是打造4条产业链和5个循环：煤层气和主焦煤开采产业链、硅铁和特种钢材产业链、镁合金产业链、塑料产品和水泥制品产业链；水资源循环——汩水的循环利用、矿物资源循环——煤矸石的循环利用、"小循环"——企业内部循环、"中循环"——企业之间形成、供应链上的循环——园区内工业废料循环利用。张米尔（2001）对我国西部地区资源型城市的产业转型做了研究。作者首先概括了国内外几种成功的产业转型模式，即产业延伸模式、产业更新模式和复合模式。区位、体制、人才、资金等方面都是西部地区资源型城市产业转型的不利因素，因此政府要加大政策和资金方面的支持，并尽早规划城市发展，培育投资环境和人才环境。叶素文、刘朝明、付茂林（2003）以新疆克拉玛依市作为样本探讨西部资源型城市的产业转型问题，认为资源型产业早晚要碰到发展瓶颈，如城市综合功能不强，服务体系不完善，产业结构不协调，人力资源欠缺等，因此必须转型：延伸产业链和实施产业一体化战略（包括纵向一体化和横向一体化）。戈银庆（2004）认为西部资源型城市产业的发展现状是陷入了产业锁定状态，具体体现为：产业结构单一，产业过度依赖；行业结构不合理，城市经济畸形发展；工矿型企业与周边地区融合度差，区域经济二元特征明显。现实中还存在反锁定障碍，如体制障碍、观念障碍和区位障碍等。要实现反锁定就必须做到：加大体制和机制改革；制定产业调整援助政策；发挥比较优势，发展接续产业；完善城市功能，培育区域竞争优势。唐志强、亢凯（2008）以甘肃省白银市为例，探讨了资源枯竭型城市发展接续产业的问题，认为要通过培育和发展接续产业来实现白银市的产业转型。接续产业选择的原则：市场化原则、可持续发展原则、关联效应原则、技术密集型原则、比较优势原则。接续产业的培育模式包括：产业延伸模式、产业更新模式、混合模式。田苗、武友德（2006）对云南东川产业转型做了研究，认为东川除了必须面对一般资源枯竭型城市产业转型的普遍问题，还要面临着东川特有的不利条件和障碍，如区位、环境、观念和技术等。根据东川的实际情况，应该采取如下措施来推动产业转型：政府积极搭建投资平台，培育投资环境；大力发展小江河谷热区特色农业；加强生态治理，建立生态补偿机制。

2. 对萍乡市产业结构调整与转型的研究

宋茜（2010）认为增强自主创新能力是实现产业转型升级的根本途径。萍乡市要通过科技创新破解"萍乡现象"，具体就是通过"借脑"和"借智"的方式——大量引进博士等高层次人才以及与高校等研究机构合作，来提高科技创新水平。刘和平（2009）认为，萍乡市要以产业延伸模式为主体，加快产业转型。具体从三个方面着力：一是继续培育传统产业的优势，同时延伸产业链；二是发展替代产业；三是大力发展第三产业，尤其以旅游业为重点。黄光文、胡曦（2009）认为萍乡市要以旅游业为发展接续产业的主要途径，要结合地方实际大力发展旅游业，例如把"江南煤都"的煤炭工业遗迹作为黑色旅游资源进行开发。李秀香、汪忠华（2010）分析了萍乡市在转型过程中面临的问题，并根据萍乡市实际情况和政府的政策提出了对策：一要完善产业发展扶持机制，即扶植煤炭、冶金、机械、陶瓷、花炮、建材六大支柱产业；二要加大中央和省级财政对萍乡市的扶持力度。傅春、林永钦、谢莉芳（2010）从资源型城市生态环境与城市发展的交互耦合关系角度对萍乡市转型进行了研究，认为萍乡市生态环境与城市发展的耦合模式以耦合协调发展型为主，并可分为协调发展阶段和波动式发展阶段，建议萍乡市以发展第三产业作为转型的重点，同时要加大科技的创新力度。

陈卫民对萍乡市产业转型的研究比较系统和深入。陈卫民

(2009)对萍乡市产业现状进行了调查,发现萍乡市产业基础相当雄厚,工业经济发展态势较好;但第一、第三产业发展相对滞后,产业结构不尽合理;传统资源型产业比重过大,新兴产业比重过低;重大项目进展顺利,但有影响力、拉动力的龙头企业不多,不能形成产业链。因此,作者强调要用活"三项政策"——萍乡相继被批准为比照享受东北老工业基地优惠政策城市、国家循环经济试点城市和资源枯竭转型试点城市;建立"两个机制"——建立资源开发补偿机制和衰退产业援助机制;推动"三个转变"——转变产业结构,转变发展方向,转变发展方式,促进协调发展。陈卫民(2009,2010)还提出要通过"两手抓"加快萍乡市产业结构调整和升级:一手抓传统优势产业的改造提升,主要是抓好"黑、白、灰、红、金"五大传统优势产业的改造提升;一手抓培育新兴产业,重点打造冶金、机械电子、煤炭及煤炭综合利用、能源及新能源、非金属矿物制品及新材料、花炮、生物医药、现代服务业、生态文化旅游和现代农业这十大接续替代产业。

除此之外,还有部分学者对其他地区的案例进行了研究。韩静、操满秀(2011)对景德镇经济转型进行研究,认为:要继续扶持主导产业——陶瓷产业的发展;并以陶瓷工业来带动旅游业发展,延伸产业链;采取多元化发展模式。袁增伟等(2009)以河南省巩义市为例对我国中部地区资源型城市的产业转移与产业升级作了实证研究。李文君、杨明川、史培军(2002)从产业结构和环境影响的关联性角度对唐山市的产业结构转型进行了研究。作者通过对"三废"排放量等指标的测算,分析了唐山市资源消耗型工业对生态环境的影响,认为要实现唐山市的经济和环境之间的协调发展就必须进行产业结构的升级和优化。具体做法是要在现有支柱产业的基础上逐步发展资源消耗少的新产业，同时进行技术创新，提高资源的利用效率，减低污染排放量。牛冲槐、白建新（2003）对山西煤炭资源型城市产业转型问题进行了研究，认为山西产业结构过于单一，一煤独大，煤炭存量不断减少，因此要以体制创新促进转型，因地制宜地选择替代企业，建立可持续发展系统，包括动力系统、支持系统、创新系统、转换系统等。

（四）国际经验的比较与借鉴

世界上发达国家早已完成了工业化，它们在发展的过程中同样面临着资源型城市产业结构调整的现实问题，其中不乏成功的经验值得我们借鉴。学者们对此作了很多研究和总结，以下择其典型述之。

1. 典型模式研究

（1）德国鲁尔区模式

李晟晖（2003）对鲁尔区产业转型的研究最为详细、全面。研究总结出政府在产业转型过程中采取了一系列措施：第一，成立统一的规划机构——鲁尔煤管区开发协会，以保证有效贯彻相关决策，如对产业转型提供资金援助、税收优惠、低息贷款等；第二，收缩、改造传统行业，提高传统支柱产业的科技含量，创造条件吸引外来企业；第三，实行企业多元化经营，大力发展中小企业；第四，实施产学研相结合战略，提高科技水平，同时提高科技转化的效率；第五，完善基础设施，如交通设施；另外，政府重视规划和治理环境。余际从、李凤（2004）和黄溶冰等（2005）的研究也有类似的观点。刘玉宝（2005）以位于鲁尔区的多特蒙德市为例，分析了政府在产业转型过程中采取的另外两项措施：设立劳动和经济促进机构；大力发展服务业，特别是保险业。李猛（2002）的研究指出，在鲁尔区实施产业转型之前，鲁尔煤管区开发协会把鲁尔划分为三个地带，分别是："南方饱和区"，主要是指南部的鲁尔河谷地带，这里是早期的矿业集中地区；"重新规划区"，这是鲁尔的核心地区；"发展地区"，包括鲁尔西部、东部和北部正在发展的新区，其中北部是重点发展地区。这种统一规划为转型奠定了基础。李平（2007）对鲁尔区模式进行了总结，认为鲁尔区产业转型属于政府主导型，政府在转型过程中发挥了巨大的作用，如统一规划、财政资金支持等。

（2）法国洛林模式

李猛（2002）和黄溶冰等（2005）都对洛林产业转型的对策进行了概括：制定优惠政策，大量吸引外资；建立企业园圃，培育中小企业；加强职业技术培训，促进劳动力转岗就业；实施产业转型与体制转轨相结合的方略，以体制转轨带动产业转型。此外，法国政府和欧盟还为产业转型提供资金保障。

（3）美国休斯敦模式

李猛（2002）和黄溶冰等（2005）对休斯敦产业转型的措施进行了总结：第一，利用区位优势大力培育支柱产业；第二，以大项目来带动高科技产业群的发展；第三，以高层次的服务业为龙头来带动第三产业的快速发展，并逐步发展成为一个重要的经济增长点；第四，借助人力资源和高新技术方面的优势来拓展石油产业链。李平（2007）认为休斯敦的产业转型属于市场主导型的转型模式，主要由企业自主决定进入或者退出的时机。

(4) 日本九州模式

杨庆敏(2004),余际从、李凤(2004)和张维达、王连忠(2005)认为,日本九州的产业转型成功得益于如下几方面的措施:第一,根据本国的实际和地域特征制定相应的振兴政策;第二,为落实产煤地域振兴政策成立了专门的行政机构,如振兴事业团;第三,政府在资金、人才、税收、科研等方面给予九州大力支持;第四,颁布《新产业城市法》,建设"新产业城市"和引导外地企业到九州投资;第五,加强产煤地域基础设施的建设。李平(2007)认为日本九州的产业转型属于政府主导型。

(5) 加拿大模式

李猛、张米尔(2002)总结了加拿大资源型城市产业转型的成功做法:第一,实施产业援助政策,建立了社区赔偿基金和专项保险机制,社区基金由政府、公司和工会组织注入,用作赔偿、搬迁和再培训费用;第二,实施人员安置政策,政府实施资源型产业预警系统(各省的法律明确规定了预警时间的长短为2~4个月不等),以紧急经济援助、再培训、工作分享及搬迁等方式安置产业转型中退下来的从业人员。李平(2007)认为加拿大产业转型的模式属于市场主导型。

2. 国际经验借鉴

张维达、王连忠(2005)总结了法国的洛林,德国的鲁尔,美国的休斯敦、洛杉矶和匹兹堡,日本的九州等典型资源型城市的产业结构转型与升级,认为它们的经验值得借鉴:政府在转型过程中始终起主导作用;根据自身的特点,以高新技术产业作为接续产业的主体；政府和企业为转型提供资金保障。黄溶冰、胡运权、冯立析（2005）指出外国产业转型成功的实践对我国的启示：①结构调整需要经历一个比较长的过程，需要政府和企业共同努力，从整体上进行长期战略规划；②产业结构调整要兼顾到劳动者就业，接续产业的正确选择是前提和基础，把劳动者从传统产业转移到接续产业是关键；③结构调整与体制创新要同时进行，实现二者之间的良性互动；④提高人力资源的劳动技能，为接续产业提供充足的劳动力；⑤营造良好的投资环境。李猛、张米尔（2002）对美国、加拿大、澳大利亚、日本等国的资源型城市产业转型进行研究后得出启示：成立专门的领导机构，协调城市产业转型；科学制定开发规划，及早实施产业转型；培育区域竞争优势，发展替代产业；加强职业培训，鼓励个人创业。

二　国外相关研究现状

国外对产业结构调整和优化等相关问题的研究从 20 世纪 30 年代就开始了。在 20 世纪 30~70 年代中期，主要以特定资源型城市为对象，研究产业发展周期与人口流动之间的关系。欧费奇力格（O'Faircheallaihg）通过运用有关统计资料，对澳大利亚东北部矿业城市人口的静态特征进行了研究。布拉德伯里（J. H. Bradbury）通过实证研究，为加拿大和澳大利亚资源型城镇的转型提出了全面的对策，包括：第一，制定相关策略，如转岗培训、财政援助、搬迁和工作分享策略；第二，建立预警系统；第三，建立专项机制，如建立专项保险机制和社区赔偿基金机制；第四，实施多样化的经济基础；第五，实施区域规划；第六,实行地方购买策略。以"镍都"而闻名于世的加拿大的萨德伯里由于长期以来只注重矿业的开采,忽视环境治理,后来人们把它形容为"月球景观"(指它的荒凉)。但是,经过转型后萨德伯里彻底改变了人们对它的不良印象,并因其土地复垦计划而被联合国树立为资源型城市成功转型的榜样。除此以外,对加拿大资源型城市进行研究的成果还有:英尼斯的《加拿大的毛皮贸易》和《加拿大的原材料生产问题》,卢卡斯的《采矿、磨坊、铁路城镇:加拿大单一工业社区的生活》,鲁滨逊的《加拿大资源富集边缘区的新兴工业城镇》,塞门斯的《加拿大资源边缘区的单一企业社区》等。20世纪80年代中期以后,学者们逐步将科斯的交易成本理论和可持续发展理论运用于对资源型城市的研究中。20世纪80年代末期以来,澳大利亚在西部矿区实施"长距离通勤模式"(Long Distance Commuting,简称LDC)。LDC的基本做法是雇员的居住地选址于中心城镇附近而不是偏远矿区,雇员长距离通勤,集中时间轮岗上班。霍顿就LDC对社会和区域所产生的影响进行了分析,认为LDC具有一些优势,如公司可以节约大量新城建设费用以及购买新建城镇基础设施的费用等。

德国鲁尔区是德国最大的工业区。20世纪50年代之后,德国鲁尔区逐步陷入了资源型城市的转型危机当中:主导产业衰退、就业岗位大大减少、生态环境严重恶化、基础设施短缺等。鲁尔区采取多元化发展战略成功实现了经济转型,优化了产业结构。[1] 马什(B. Marsh)运用社会学理论与方法研究了美国宾夕法尼亚州东北部的煤炭资源型城市居民的社区归属感问题,认为

---

[1] 陈涛:《德国鲁尔工业区衰退与转型研究》,吉林大学博士学位论文,2009。

资源型城市在不同的发展时期里给居民带来的物质财富和精神财富是不同的。具体来说，在工业化的早期阶段，环境向人们提供的物质财富多于精神财富；相反，在衰退期，环境给人们提供的精神财富多于物质财富。

综上所述，国内外学者对资源型城市产业转型问题的研究取得了非常丰硕的理论成果，为本研究奠定了良好的理论基础。但是绝大多数文献都是在一个国家或者世界范围内对资源型城市的产业转型进行研究的，忽视了在一个更小的范围内进行研究。其实，像城市这样一个较小的经济区域，由于有其特殊的市情，产业转型要受到更多边界条件和因素的影响，使得在一国或者更大范围内的有关研究结论可能失效。例如，在资源型城市产业转型过程中最为重要的环节就是产业转型的时机选择、模式选择、主导产业选择和产业政策制定等，这些都必须完全依据资源型城市自身的实际情况，如资源枯竭的程度、现有三大产业比例、财政收入状况、区位情况、人口结构，等等。只有在更小的范围（一个城市）内立足现实，才能进行更有针对性和更科学的调研和论证，才能为资源型城市选择适宜的转型时机和主导产业体系，也才能得到更合理和科学可行的产业转型方案。因此，研究资源型城市的产业转型要从一个独特的角度入手，研究一类特殊城市的产业演进和产业政策。这就是本研究所追求的。

正是基于上述考虑，本研究选择了萍乡市资源型城市产业结构调整和优化这个主题。目前虽然已有少数文献对萍乡市的城市转型和产业转型进行了研究，但是都只是就萍乡市的城市转型和产业转型某一个方面的问题进行研究，而且研究方法单一，缺乏系统性和完整性，更缺少相关的理论支撑，还没有形成一套科学可行的转型方案。因此，本研究是在已有研究的基础上开展全方位多层面的深入研究，试图为萍乡市资源型城市产业结构调整和优化提供可行的方案。

第三节 研究视角、方法与主要内容

一 研究视角

本书采用循环经济增长理论、公共经济理论以及可持续发展理论来分析资源型城市的产业结构调整与优化。首先，以产业结构的相关理论以及产业结构演进的一般规律为基准，分析了我国资源型城市的发展状况。资源枯竭型城市在经济发展过程中过度依赖煤炭、矿石等资源，造成的产业结构单一、经济结构失衡等长期积累的一些矛盾和问题，随着不可再生资源的枯竭，充分显现出来，城市的产业转型十分迫切。其次，本书将研究视角转向江西省萍乡市（我国首批 12 个资源枯竭转型试点城市之一），具体分析了萍乡市产业结构调整的具体实践，主要包括产业结构调整的必要性、产业结构调整的思路和特色等内容。再次，基于以上的理论基础，并结合现代城市发展的趋势，建立了以转变经济发展方式为主导的资源型城市发展转型评价指标体系，科学评价与分析萍乡市产业结构转型的基本表现与实现程度，并为通过技术创新和制度安排加快产业结构调整，从而促进萍乡市产业转型提出了现实思考和政策建议。

本书的研究思路和技术路线见图 1-1。

```
资源型城市产业结构调整与优化——以江西省萍乡市为例
├── 产业结构的相关理论研究
│   ├── 产业结构相关理论及演进规律
│   ├── 产业结构优化一般理论
│   ├── 影响产业结构变动的因素
│   └── 区域产业结构优化一般理论
├── 我国资源型城市发展状况
│   ├── 资源型城市的界定
│   ├── 资源型城市概况
│   └── 资源枯竭型城市的困境与转型
├── 萍乡市的产业结构调整与经济转型
│   ├── 必要性
│   ├── 思路
│   ├── 特色研究
│   └── 基本特点
├── 萍乡市经济转型的实证分析 ↔ 经济转型的评价标准
├── 国内外资源型城市产业结构转型的经验与教训
│   ├── 外国资源型城市产业结构
│   └── 国内资源型城市产业结构
└── 政策建议
    ├── 效果评价
    ├── 发展思路
    └── 现实思考
```

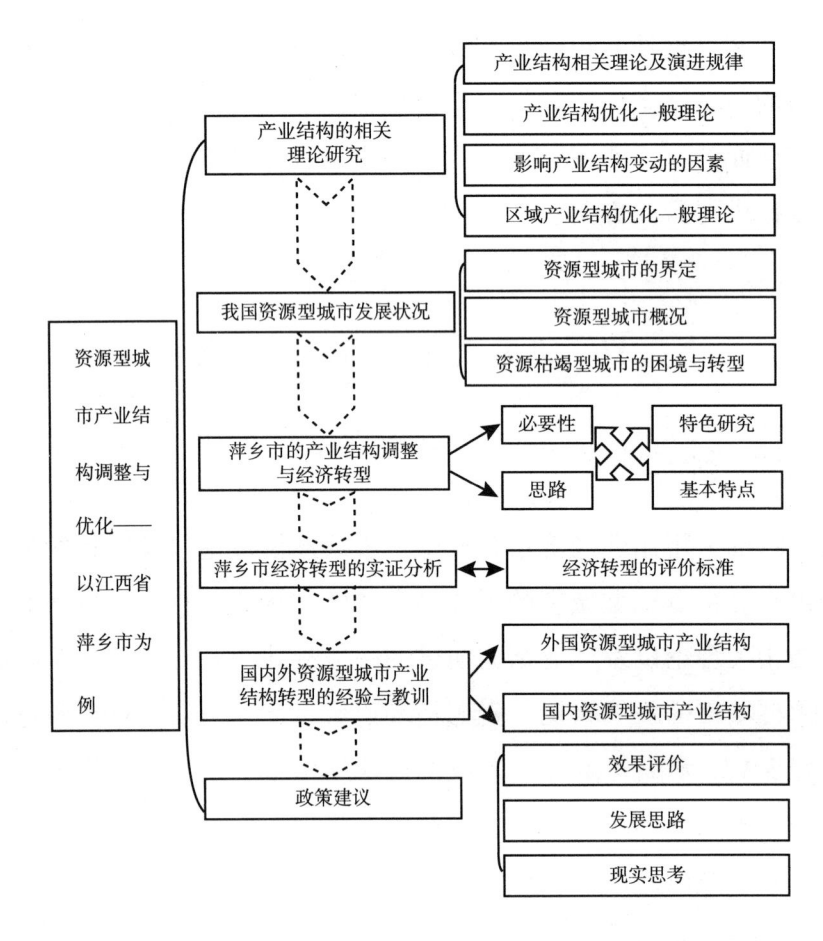

图 1-1 本书研究思路

二 研究方法

本书主要运用了文献研究与实地研究相结合、规范分析与实证分析相结合、比较分析等研究方法。

（一）文献研究与实地研究相结合

本书对国内外有关研究成果进行了综述。具体来说，通过对资源型城市的产业转型措施等内容进行文献回顾，了解国内外资源型城市产业转型的主要思路和特色,为本书的主体内容研究奠定了基础。在笔者的工作地江西省萍乡市,以实地调研方法获得第一手数据,并以此数据为基础对萍乡市产业转型的成效进行了实证分析。

(二) 规范分析与实证分析相结合

本书在产业结构相关理论以及产业结构演进的一般规律的基础上,进一步阐述产业结构优化的一般理论以及影响产业结构变动的因素,最后提出了区域产业结构优化的一般理论。在此基础上,以循环经济增长理论、公共经济理论以及可持续发展理论为指导,结合现代城市的发展趋势,建立了以转变经济发展方式为主导的资源型城市发展转型评价指标体系。

本书的实证研究主要是分析实地调查获得的第一手数据。通过规范分析,确立了资源型城市发展转型评价指标体系,对于萍乡市产业转型进行了三次产业结构分析、经济发展绿色评价、产业结构及其效益分析、单位 GDP 能耗比较分析等,并进行了萍乡市产业发展的 SWOT 分析,为萍乡市更好地进行产业转型提供了实证依据。

(三) 比较分析方法

本书的比较分析主要集中在国内资源型城市的转型经验方面。通过对比一些城市如焦作、白银等地的产业转型措施,发现我国部分资源枯竭型城市经过近年来的探索,已初步探索出资源转换、科技主导、发展循环经济和延伸产业链、建立再就业援助机制等几大转型模式。此外,在进行实证分析时,利用 1997~2009 年的时间序列数据,采用产业结构变化率、产业结构变动系数和偏离—份额指数,从不同角度对萍乡产业结构的效益进行实证分析，并与河南省焦作市、辽宁省本溪市和辽宁省大连市进行对比，以期为萍乡制定产业政策提供决策参考。

三 主要内容

第一章是绪论，主要阐述本书的选题背景和意义，规划研究思路和基本框架，确定研究方法，指出本研究的创新之处与存在的不足，最后对有关的理论进行了梳理和综述。

第二章在阐述产业结构的相关理论以及产业结构演进的一般规律的基础上，进一步阐述产业结构优化的一般理论，以及影响产业结构变动的因素，最后提出区域产业结构优化的一般理论。在产业结构优化方面作出主要贡献的有：罗斯托的主导产业扩散效应理论、筱原三代平的"需求收入弹性基准"和"生产率上升率基准"，以及赫希曼的产业关联理论，等等。根据以上的理论基础，本章分析了产业结构变动主要受到需求结构因素、供给结构因素和国际贸易因素的影响，然后提出了区域产业结构优化一般理论和增长极理论。

第三章介绍了我国资源型城市发展状况。首先界定了何为资源型城市，并阐述了资源型城市的界定标准，然后分析了我国资源型城市的发展状况。根据生命周期理论，资源型城市一般都要经历"引入、成长、成熟、衰退"4个时期。由于资源的限制，许多资源型城市遇到了如产业结构严重失衡、生态生存环境破坏严重、财政收支矛盾突出和民生问题日益凸显等问题，迫切需要转型。

第四章主要研究萍乡市的产业结构调整与经济转型。首先分析了萍乡市产业结构调整与经济转型的必要性和紧迫性，以及面临的困境，简述了萍乡市努力探索的出路，即建立"两个机制"——资源开发补偿机制和衰退产业援助机制；推动"三个转变"——转变产业结构、转变发展方向、转变发展方式，促进协调发展；提出"四个对接"——对接央企、对接外企、对接民企、对接科企，抓项目，其中又把对接央企作为重中之重并发挥金融拉动效应。然后，讨论了萍乡市产业转型的特点。

第五章致力于对萍乡市的经济转型进行实证分析。在建立了资源型城市经济转型绩效评价指标体系之后，该部分进行了三次产业结构分析、经济发展绿色评价、产业结构及其效益分析和单位 GDP 能耗比较分析。通过实证分析，研究发现萍乡市的经济转型取得了很大的成效，例如在 273 个城市中，萍乡作为国家首批资源枯竭城市，在 2007 年的绿色 GDP 总量、绿色经济指数、名义 GDP 总量和资源环境效率等几个方面的排序位次尚可。但是，在有些方面还有进一步的上升空间。

第六章将视角转向国内外资源型城市产业结构转型的经验与教训。从外国矿业城市和地区经济转型的实践来看，政府干预情况可以分为四类：第一类是美国式的；第二类是欧盟式的，以法国、德国为代表；第三类是日本式的；第四类是前苏联式的。国外发展的状况对于我国资源型城市的经济转型在制订转型计划、人员安置、发展替代产业等方面有所启示；而我国国内的其他资源型城市的建设和发展也同样为萍乡市产业结构转型提供了一些思路。

第七章是对萍乡市产业结构调整与优化的政策建议。首先，在总结前文研究结果的基础上，使用 SWOT 模型，对萍乡市产业结构调整与优化的效果进行了评价。其次，根据增长极相关理论，对萍乡市产业结构的调整与优化提出了一些政策建议。最后，根据萍乡市的实地工作经验，阐述了对萍乡转型城市可持续发展规划的现实思考。

第二章　产业结构调整与优化的相关理论

结构调整既是国家或地区经济健康增长的本质，也是提升技术水平的重要手段。结构问题是当前中国经济发展中的突出矛盾和问题实质。经济理论和世界各国经济发展的实践证明，产业结构是促进经济增长的核心要素，因此产业结构的调整与优化是促进国家或地区经济持续增长的关键所在。产业结构描述了国民经济各产业的构成以及各产业部门之间的联系和比例关系。调整产业结构，并使产业结构不断优化——即实现产业结构与资源供给结构、需求结构、技术结构、居民消费结构等方面相适应，是实现地区经济持续、较快和健康发展的重要保障。国内外在产业结构理论研究方面积累了大量的科学知识和经验，证实了调整与优化产业结构，既要符合产业结构演进的一般规律，又要受影响产业结构变动的各种因素的制约。因此，本章在阐述产业结构的相关理论以及产业结构演进的一般规律的基础上，进一步阐述产业结构优化的一般理论以及影响产业结构变动的因素，最后提出区域产业结构优化的一般理论。

第一节 产业结构相关理论及演进规律

一 配第—克拉克定律

最早对产业结构理论的研究可以追溯到 17 世纪末期。威廉·配第是英国古典经济学政治算术学派的创始人,他第一次发现了世界各国人均国民收入水平差异的关键原因是产业结构的不同。他认为在一个以制造业和商业为主的国家中,人均国民收入要比以农业为主的国家高得多。1672 年,威廉·配第出版了《政治算术》一书,书中阐述了他的重要结论:工业的收入比农业的多,商业的收入又比工业多,即工业的附加值比农业的附加值高,商业的附加值又比工业的高。他指出,不同产业之间收入的差异将导致生产要素由劳动生产率低的部门向劳动生产率高的部门流动。

20 世纪 40 年代,在威廉·配第关于产业结构的朴素思想的基础上,新西兰经济学家费希尔以统计数据为依据,首次提出了三次产业的划分方法。依照此方法,许多国家着手进行三次产业的统计,为产业结构研究提供了必要的统计资料。

英国经济学家考林·克拉克受威廉·配第和费希尔相关研究的启发,对产业结构进行了开拓性研究。1940 年,他出版了著名的《经济进步的条件》,首次运用三次产业的分类方法,对 40 多个国家和地区不同时期三次产业的投入和产出的资料进行整理,在此基础上进行了比较研究,得到以下结论:经济的发展促使国民经济三次产业之间形成收入上的相对差异,而收入的差异促使劳动力在三次产业之间转移。因此,劳动力在三次产业中的结构变化与经济的发展存在着一定规律性：在经济发展的初级阶段，农业生产和农业收入是人们的主要生产活动和生活来源，人均收入水平很低；随着经济的发展和制造业的兴起，第二产业在三次产业中的比重开始上升并逐渐处于主导地位，由于制造业的收入比农业高，劳动人口由第一产业即农业向制造业等第二产业转移，整个国民经济的人均收入高于初级阶段；随着经济的进一步发展，劳动力开始由第二产业向第三产业转移，人均收入水平也进一步提高。这一结论还可以在国家之间得到验证。他把不同发展水平的国家在同一时点上的横断面进行比较，发现人均收入越高的国家，从事第一产业的劳动力占全部劳动力的比重越小，而人均收入越低的国家，从事第一产业的劳动力的比重越大，相应地从事第二、第三产业的劳动力的比重就越小。克拉克的这一研究是在威廉·配第研究成果的基础之上对劳动力就业结构变动关系进行的深入研究，人们称之为配第—克拉克定律。

二 库兹涅茨的"现代经济增长"理论

美国经济学家西蒙·库兹涅茨在克拉克等人研究成果的基础上，对产业结构作了进一步研究。他的研究创新主要是改进了研究方法，在前人的基础上，增加了从部门产值结构方面考察人均产值与结构变动的关系。他把第一、第二、第三次产业分别称作"农业部门""工业部门""服务部门"。他整理了10多个国家国民收入和劳动力在产业间分布结构的大量统计数据，并对统计数据进行分析，在1941年出版的著作《国民收入及其构成》中阐述了他的重要结论，提出了国民收入和劳动力在各次产业中的变化趋势，即国民收入在农业部门的相对比重处在不断下降之中，在工业部门的相对比重处在不断上升之中，而在服务部门的相对比重大体不变，略有上升。在大多数国家，农业部门国民收入的相对比重低于工业部门和服务部门。劳动力在农业部门的相对比重处于不断下降之中，在工业部门的相对比重基本不变，而在服务部门的相对比重呈上升趋势。服务部门劳动力人口的上升趋势在所有国家都是相同的，同时，农业劳动力人口减少的趋势在大多数国家也是不会停止的。

库兹涅兹还对三次产业国民收入与劳动力的相对比重的变化原因作了一些分析，指出：①随着收入不断提高，人们的消费结构发生变化，对农产品的需求相对减少，导致第一产业国民收入在产业间的相对比重下降。同时，与工业的技术进步相比，农业生产的技术进步相对困难得多，因此资本往往投向"报酬递增"的工业而非农业，使农业长期处于低价格、低附加值的境况中，这也是导致农业国民收入相对比重下降的原因之一。另外，在农业生产规模一定和土地有限的情况下，随着农业劳动生产率的提高，农业对劳动力的需求减少，大量劳动力从农业中释放出来，转入其他产业，导致农业劳动力的相对比重出现不断下降的趋势。②第二产业的国民收入在全部国民收入中的比重出现不断上升的趋势是由于投入工业部门的资本增加以及人们消费结构的变化。另外，随着工业部门生产技术的进步，对劳动力需求开始出现下降趋势，可是，由于第二产业内部各行业的增加和扩大，又增加了第二产业对劳动力的需求。这种增加与下降的力量合在一起使第二产业劳动力的比重基本保持不变的趋势。③第三产业劳动力的相对比重出现不断上升的趋势是因为，随着人均国民收入的不断增加，人们的消费结构发生变化，特别是对第三产业

"服务性"商品的需求不断增加,这导致服务业部门不断扩大,进而使第三产业劳动力的相对比重呈上升趋势。

三 霍夫曼比例——"工业化经验法则"

自 18 世纪 60 年代英国工业革命以来,整个世界经济的发展就进入了工业化阶段。德国经济学家霍夫曼对工业化问题进行了开创性研究,提出了工业化阶段理论,即"工业化经验法则"。这一理论指出,在工业化过程中,各工业部门间成长率的差异形成了工业部门特定的结构变化。为了考察工业化过程中消费资料工业和资本资料工业相对地位的变化趋势,霍夫曼提出了这两类产业的净产值比例问题,即霍夫曼比例。用公式表示为:

霍夫曼比例 = 消费资料工业净产值/资本资料工业净产值

随着工业化进程的加速,霍夫曼比例呈不断下降的趋势。霍夫曼根据此比例的大小把工业划分为四个阶段(见表 2-1)。

表 2-1 霍夫曼工业化阶段指标

工业化阶段		霍夫曼比例	
第一阶段	5(±1)	第三阶段	1(±0.5)
第二阶段	2.5(±1)	第四阶段	1 以下

资料来源:杨治:《产业经济学导论》,中国人民大学出版社,1985,第 60 页。

第一阶段,以消费资料工业的生产为主,资本资料工业的生产还不发达;第二阶段,虽然消费资料工业的生产规模仍然比资本资料工业的生产规模大得多,但后者有了较快发展;第三阶段,随着资本资料工业生产的快速增长,它与消费资料工业的生产基本处于平衡状态;第四阶段,消费资料工业的生产规模被资本资料工业的生产规模全面超过。

霍夫曼的理论实际上是对工业化过程中重工业化规律的分析，即在工业内部由以轻工业为中心的发展向以重工业为中心的发展推进。该理论对判断一个国家工业化程度的高低具有重要作用。

四 钱纳里的"标准产业结构"理论

库兹涅兹等人对产业结构的研究只局限在发达国家，而美国经济学家霍利斯·钱纳里则利用历史资料对发展中国家，特别是准工业化国家产业结构的变动进行了深入研究。他在全面分析这些国家产业结构变动及其影响因素的基础上，建构了市场占有率模型，提出了"标准产业结构"理论。该理论认为随着经济的发展，产业结构呈现出规律性的变化；在不同的经济发展阶段，有不同的经济结构与之相对应。他把经济发展的整个过程划分为六个阶段，并指出了每个阶段产业结构的特征（见表2-2）。

表2-2 钱纳里标准产业结构

经济发展阶段		产业结构特征
第一阶段	不发达经济阶段	以农业为主，极少有现代工业
第二阶段	工业化初期	以农业为主转向以现代工业——初级产品的生产为主，产业以劳动密集型产业为主
第三阶段	工业化中期	第二产业中由以轻型工业为主转向以重型工业为主，第三产业迅速发展，以资本密集型产业为主
第四阶段	工业化后期	第三产业持续高速增长
第五阶段	后工业化社会	技术密集型产业迅速发展。制造业的主导产业由资本密集型产业转向技术密集型产业
第六阶段	现代化社会	第三产业开始分化，知识密集型产业成为主导产业

资料来源：根据H.钱纳里等著《工业化和经济增长的比较研究》（吴奇等译，上海三联书店，1989）第71页相关内容整理制成。

综合上述著名学者对产业结构理论的研究，可以概括出在国民经济发展过程中，产业结构演进呈现出的一般规律。

①从三次产业的发展程度及其在国民经济中的地位看，国民经济的发展将从以"第一、第二、第三产业"为序列结构特征的阶段进入到以"第三、第二、第一产业"为序列结构特征的所谓的高级服务化阶段。

②从产业的内部结构变化看，第二产业的发展一般要经历四个阶段，即从轻工业化到重工业化，再到高加工度化，最后是知识技术密集化。

③从生产要素的集中度看，产业发展模式的演进也分四个阶段，即由最初的劳动密集型产业到资本劳动密集型产业，再到资本技术密集型产业，最后是知识技术密集型产业。

④从产出及产出效率的角度看，国民经济的发展表现出由低附加值向高附加值，再向更高附加值顺序演进的特点；三次产业由低效运转向高效运转的方向发展，同等时间内的产出不断增加或等量产出所需时间不断减少。

⑤从加工深度看，产业的发展由采掘工业向原材料工业和加工工业等不断深化。

⑥从技术应用的能力上看，产业发展的路径是由传统产业到新兴产业，再到新兴产业与传统产业相结合。

总之，产业结构的演变遵循由较低级形态向较高级形态发展的规律，代表着产业结构优化升级的方向。这些特点和规律既是理论研究的结果，更为经验所验证。因此，判断一个国家或地区的产业结构是否科学、合理，必须以是否符合产业结构演进的规律为标准。如果一个国家或地区产业结构的优化升级有悖于产业结构演进的基本规律，虽然短时间内可能会产生一定的经济效益，但从长期来看会发生结构逆转现象，从而阻碍经济的长期健康发展。

第二节　产业结构优化一般理论

所谓产业结构优化，是指一个国家或地区根据本国或本地区的资源、环境、科技水平等特点，调整产业结构，使之与已有条件相适应，实现各产业协调发展和国民经济效益最大化，以满足社会不断增长的需求。[①] 在产业结构优化方面作出主要贡献的有：罗斯托的主导产业扩散效应理论、筱原三代平的"需求收入弹性基准"和"生产率上升率基准"，以及赫希曼的产业关联理论。

一　罗斯托——主导产业扩散效应理论

美籍奥地利经济学家罗斯托（Walt Whitman Rtstow）通过对经济史料的分析，将经济发展过程划分为六个阶段，并对每一个发展阶段展开了研究。他着重分析了经济增长过程中某些特殊的主要部门对经济增长的动态促进作用，概括出一个普遍的经济增长模式，即经济成长阶段论。与这一开创性研究相应的是方法方面的突破。以往的研究大多采用总量分析方法，罗斯托突破了传统的总量分析方法，采用非总量的部门分析方法。在其名著

---

① 王宏：《辽宁老工业基地产业结构演进分析与优化对策》，《社会科学辑刊》2005 年第 1 期。

《经济增长的阶段》中，罗斯托指出，一国经济的增长来源于某个或某些重要部门的迅速增长。由于国民经济各个部门的增长率存在着广泛差异，使各国经济发展处于不同的阶段。各国在经济发展的每个阶段，即使是在一个比较成熟或不断成长的发展阶段，都存在一定的主导部门，这些主导部门不仅在国民经济中占主导地位，起主导作用，更重要的是能够带动其他产业的发展。随着经济成长阶段的逐步更替，主导的产业部门也依次发生变化。罗斯托认为，经济的发展，正是这些主导产业部门迅速扩大的结果。因此，产业结构的调整与优化，需要正确选择和扶持好主导产业，通过主导产业的快速发展带动整个经济的全面发展。罗斯托的主导产业扩散效应理论和经济增长理论，奠定了发展主导产业的理论基础。

二 筱原三代平——"需求收入弹性基准"和"生产率上升率基准"

"二战"后，日本经济进入了快速发展阶段。为了继续保持经济增长，实现赶超战略，20世纪50年代，日本开始规划国民经济的产业结构。日本的经济学者也开始对产业结构理论进行深入研究。著名经济学家筱原三代平在《产业结构论》一书中提出了选择主导产业的标准，即"需求收入弹性基准"和"生产率上升率基准"。生产是为了满足人们日益增长的物质和文化的需求，需求也是推动产业产品生产的最大原动力。所谓需求收入弹性，是指人们对某一产业产品的需求增长率与人们的收入增长率的比率。增加需求弹性大的产业产品能够带来更多的收入，从而创造更大的需求。因此，在收入水平不断提高的情况下，应选择需求弹性大的产业作为主导产业。所谓生产率上升率，是指一个部门或者行业的全要素生产率的增长速度。一般来说，生产率增长快的产业具有技术进步快和技术要素密集的特征。同时，技术进步快的产业生产成本也相对较低，这促使生产要素向该产业转移，增加该产业的供给资源，使其得到充分发展，成为社会经济发展的主要动力源泉，从而促进整个国民经济的全面发展。因此，在产业结构优化过程中，应选择生产率上升率较快的产业作为主导产业。

三 赫希曼——产业关联理论

产业结构优化的理论在不断发展。美国经济学家赫希曼（A. O. Hirschman）对主导产业的引领和拉动作用进行了深入研究。在1958年出版的《经济发展战略》一书中，赫希曼指出，不同产业在技术结构和产品需求结构方面存在着相互依存、相互推动的关联关系。因此，发展中国家在资本有限的情况下，应集中有限的资源和资本，把一部分产业作为主导产业，优先发展，同时逐步加大对其他产业的投入，以主导产业带动其他产业的发展，从而促进产业的整体发展。在经济发展过程中，选择的主导产业与其他产业的关联度越高，它对其他产业部门发展的推动力就越强，促进国民经济发展的作用就越大，对经济增长的贡献率也越大。

第三节 影响产业结构变动的因素

调整与优化产业结构不仅要符合产业结构的演变规律，而且受到产业结构变动因素的影响。产业结构的变动一般受技术进步、资源供给、人口变动以及国外进出口变化等因素的制约。我们把这些因素概括为需求结构、供给结构和国际贸易因素,分析它们对产业结构变动的影响作用。

一 需求结构因素

人的需求是无止境的,并且是多种多样的。但需求总是与整个社会的经济发展水平和人们的收入水平相适应。在经济发展水平极其低下的农业经济时代,人们的收入水平较低,人们将有限的收入用于购买满足生存需要的食物,产业结构以第一产业——农业为主。进入工业化阶段以后,社会需求结构也发生了很大变化,满足生存和基本发展需要的物质产品成为需求的主要内容。工业化初期,人们的收入水平还不高,对农业和轻纺工业产品需求最大。因而在产业结构中农业和轻纺工业成为该时期的主导产业。随着工业化社会的发展,经济总量和人均收入不断提高,在基本的生存需要得到满足之后,人们开始向更高层次的需求即"享受需要"转移。这种需求推动了基础工业和重加工工业的发展。同时,由于农业劳动生产率的大幅度提高和轻纺工业的极度发展,这些产业提升的空间和对经济增长的贡献已非常有限,产业结构的调整不可避免。基础工业和重加工工业逐步取代农业和轻纺工业而成为主导产业。随着工业化程度的进一步提高以及经济的快速发展,人均收入达到更高水平,整个社会物质产品相当丰富,人们对精神生活、生活质量和环境的要求大大提高,开始进入追求个性发展的阶段。因此,信息服务与咨询产业,教育与培训产业等知识性产业越来越发达,在产业结构中所占的比重也越来越大，产业结构中重加工工业的主导地位被取代，产业结构又发生一次重大变动。

影响产业结构变动的需求因素，除了经济发展水平和人均收入水平以外，还有人口因素。人口数量的增加会导致需求总量扩大，进而使产业结构规模不断扩大。

另外，投资需求结构也是制约产业结构变动的重要因素。首先投资在各产业间的分配比例将影响产业的发展速度，进而引起产业结构的变动。一般来说，获得投资的产业比未获得投资的产业发展更快，获得较多投资的产业比获得较少投资的产业发展更快。其次，新的投资也将创造新的需求，从而形成新产业并改变原有的产业结构。再次，投资的增加将引起各产业间资产存量的变化，导致整个国民经济产业结构的比例发生变化。

二 供给结构因素

影响产业结构变动的供给方面的因素主要包括技术进步、劳动力、资本、自然资源等。技术进步推动产业结构变动的作用主要表现在以下几方面。

技术进步会大幅度提高现有生产的劳动生产率。劳动生产率的提高，将有效降低生产要素的消耗水平。在这种情况下，原有的资本、劳动、原料等生产要素的投入水平将下降，减少投入的这部分生产要素将转向其他产业，从而改变原有的产业结构。

技术进步会产生新的生产工艺、新的材料和新的生产工具，推动传统产业的技术改造。经过技术改造的传统产业会不断发展壮大，劳动生产率也在不断提高。而未经过技术改造的传统产业由于没有实现技术的重大突破会日益没落，甚至被其他产业所替代。因此，技术进步对推动产业结构的更新换代起着重要作用。

技术进步会推动新产品、新技术的不断开发，从而形成新兴产业。由于新兴产业具有劳动生产率高，即生产成本相对较低的特点，在市场经济条件下，这种产业显然具有竞争的绝对优势。通过竞争，有的产业将快速发展扩大，而有的产业将在市场潮流的冲击下被其他产业吞噬，从而推动产业结构发生变动。

劳动力资源的供给结构影响产业结构变动主要表现在两个方面，即劳动力资源数量对产业结构变动的影响和劳动力资源的素质对产业结构变动的影响。当劳动力资源供给达到供过于求的状态时，劳动力商品的价格下降，从而使劳动力的人均收入水平出现下降趋势。收入的下降必然改变人们的消费结构，收入水平的进一步降低，会使人们的消费需求转向最基本的衣、食需求，从而对产业结构的变动产生影响。相反，劳动力资源的供给短缺会使劳动力商品价格上升，人均收入水平呈现上升的趋势，这种趋势将直接或间接影响产业结构的变动。劳动力资源素质对产业结构变动的作用表现在：当一个国家的劳动力资源丰富，但劳动力资源素质偏低时，该国适合发展对廉价劳动力具有大量需求的劳动力密集型产业，第二产业尤其是第三产业中科技含量高的产业在该国的发展将会受到限制；随着劳动力资源素质不断提高，劳动力开始选择适合自己能力和水平的产业部门，出现劳动力在各产业间的转移，使产业结构发生变动；当劳动力资源素质达到较高水平时，第三产业中科技含量高的产业部门将吸引越来越多的知识人才，从而推动第三产业的快速发展。可见，劳动力资源的供给过度和供给短缺都会对产业结构的变动产生影响。

企业的生存和发展离不开资本的支持，因此资本也是推动产业结构变动的重要力量。资本对产业结构变动的影响是通过总量和投向两个方面的变化发挥作用的。在资本总量增加的情况下，资本投向哪个产业就将带动哪个产业快速发展，而没有资本投向的产业则只能在原有条件下继续发展或是被淘汰出局。在这种情况下，产业结构将发生变动。

自然资源是大自然赋予人类的可以利用的物质和能量，主要包括土地资源、水资源、矿产资源、生物资源、气候资源（光、温、降水、大气）和海洋资源六大类。由于自然资源是自然生成的，是人为难以控制的，所以自然资源一般不会对产业结构变动产生影响。但是，自然资源禀赋是经济发展的基础因素，因此，应该根据本国的自然资源状况选择适宜的产业结构。

三 国际贸易因素

上面的需求结构因素和供给结构因素是国内市场中影响产业结构变动的因素。在经济全球化的背景下，国外需求和供给结构的变动同样会影响一个国家的产业结构，即一个国家的产业结构会受国际贸易因素的影响。全球化经济的发展更加剧了国际市场的竞争。在激烈的竞争中，一个国家只有集中各种生产要素，发展具有比较优势的产业，才能在国际市场的竞争中占有一席之地。因此，在世界经济发展过程中，一个国家进出口结构的变动将取决于该国产品在国际市场上的比较优势和竞争优势，而进出口结构的变化又会影响国内产业结构的变动。如果一个国家人口众多，劳动力生产要素的价格低，则该国具有劳动力资源丰富的相对优势，其出口产品能在国际市场的竞争中获得比较利益，而进口国生产该产品的产业会受到这种价格优势的冲击，或是转行或是破产，导致该国产业结构发生变动。

第四节　区域产业结构优化一般理论

所谓区域产业结构优化，是指在正确处理好区域利益与国家整体利益的基础上，充分发挥区域的相对优势，使本区域的产业结构与当地的需求结构、资源供给结构以及技术结构相适应，推动产业结构合理化、高级化的发展过程。实现经济增长过程中的产业结构变动实质上就是产业结构不断优化升级的过程。区域产业结构与区域经济发展之间存在着密切的联系。揭示区域产业结构的特点、影响区域产业结构变动的因素，以及优化区域产业结构的一般原则对调整区域产业结构，实现区域产业结构的优化，从而促进区域经济以及国民经济的全面发展具有重要意义。

一　区域产业结构调整与区域经济发展的关系

区域产业结构是指区域内具有不同发展功能的各产业的组成状态和发展水平以及产业部门之间的数量比例关系。经济发展理论和国内外经济发展实践证明：区域产业结构是国家总产业结构的一个子系统，随着经济的发展而不断发生变动，同时，作为区域经济结构的主要内容，区域产业结构的变动又成为推动区域经济发展的关键因素。

区域产业结构调整的实质就是为了满足经济增长率高的产业部门对资源的需求，使有限的资源得到合理的配置与利用。这样，在投入相同比例资源的情况下，获得的产出效益就比较高，从而使经济总量不断提高。区域产业结构由主导产业、辅助产业和基础产业三个部分组成。主导产业是一个区域的优势产业，同时也代表了该区域产业发展的方向，因此，区域产业结构的调整主要是对主导产业进行选择、调整的过程。当原有的主导产业因条件变化而失去原有的产业优势的时候，就需要确立新的主导产业，并以新的主导产业部门为核心，带动其他各辅助产业部门的协调发展，以最大限度地获取经济利益。同时，主导产业与其他辅助产业之间存在着强烈的关联效应，合理的产业结构组合，可以保证在投入增加的情况下，国民经济总量也会相应增加，而不合理的产业结构组合，将不能保证在投入增加的情况下，国民经济整体效益的改善。因此，区域产业结构中各产业之间越协调，越能保证国民经济高效运行。区域产业结构要保持一定的先进性和优势特色，才能够适应经济发展对产业结构的要求。因此，区域产业结构调整就是要调整不利于经济发展的不合理的区域产业结构，淘汰旧部门和旧产业，建立新部门和新产业。区域产业结构的调整、优化过程就是区域产业结构实现合理化、高级化并达到各产业部门之间协调发展的过程。

二 区域产业结构的合理化与高度化

1. 区域产业结构的合理化

区域产业结构的合理化是指在一定的经济发展阶段上，根据市场经济条件下的需求和供给条件，理顺结构，使资源在区域产业间得到优化配置和有效利用，从而使区域产业结构实现由不合理向合理转化的过程。区域产业结构合理化主要包括两方面的内容。一是各产业、行业之间的合理构成或数量比例关系，主要有：区域三次产业之间的合理构成、农轻重之间的合理构成，以及原材料工业与加工工业和制造业之间的合理构成等。二是产业之间的相互关联度。在现代产业结构中，不同产业之间存在着日益密切的联动效应，一个产业的变动会引起其他产业发生相应的变动。一般来说，产业之间的关联强度愈高，产业之间取长补短和相互促进的能力愈强，产业结构的整体效应越大，从而使区域经济整体实力加大，区域经济发展加快。

区域产业结构是否合理，可以从以下几方面进行考察：一是是否充分发挥了区域资源优势；二是区域产业结构中各产业部门是否协调发展；三是区域产业结构是否满足了人们不断变化的需求结构。

主导产业的选择是区域产业结构合理化的关键。由于产业之间存在互动和关联的关系，特别是主导产业具有引领和拉动的作用，主导产业的发展会带动非主导产业的共同发展。主导产业与非主导产业之间的关联度越高，这种带动作用就越强。这样区域内各产业部门都能得到快速发展，从而推动区域经济又好又快地发展。反之，如果主导产业与非主导产业之间的关联度弱，主导产业在得到资金、技术等支持而得以发展的情况下，并不能促进非主导产业的发展，非主导产业也不会支持主导产业的健康发展。这样区域产业结构中各产业的发展都将受到限制，必将影响区域经济的正常发展。因此，区域产业结构中的主导产业要充分发挥本区域的资源优势，促进区域内各产业之间的协调发展，从而实现区域经济效益的最大化。

2. 区域产业结构的高度化

区域产业结构高度化又称产业结构高级化、现代化，是在经济发展过程中，需求、科技以及市场竞争等因素推动区域产业结构整体素质和效率向更新的阶段或更高的层次发展的过程，是区域产业结构由合理化向最优化方向转化的过程。

区域产业结构高度化是一个永不停息的动态过程，也是在遵循产业结构演进规律的基础上，通过技术创新，使产业结构不断向高度化演进的过程。其特征主要表现在：

（1）区域产业结构中三次产业占优势比重的逐步演进，即三次产业中第一产业的比重逐步下降，第二、第三产业的比重逐步上升。

（2）产业结构逐渐由资源、劳动密集型产业占主导优势向技术、知识密集型产业和资本密集型产业占优势转变。

（3）产品逐渐由初级产品生产占优势比重向高科技产品生产占优势比重转变。

（4）区域产业结构逐渐由低加工度产业占优势比重向高加工度产业占优势比重转变。

区域产业结构的高度化一方面促进了区域经济的发展，提升了区域竞争力。另一方面，推动了区域产业结构的升级提高。因此，区域产业结构的高度化对区域经济发展起着重要作用。区域产业结构高度化的重要标志是建立了与经济发展阶段相适应的区域产业结构。

区域产业结构的合理化与高度化既是相互联系又是相互促进的。区域产业结构的合理化是区域产业结构实现高度化的基础，而且区域产业结构的发展水平越高对区域产业结构合理化的要求越高。因此，区域产业结构的合理化要在区域产业结构实现高度化的动态过程中进行，使区域产业结构的每个发展阶段都建立在合理的基础之上，并逐步提升。

三 区域产业结构的特点

1. 资源制约性

区域产业结构既要服从国家整体产业结构的布局,又要按照某特定区域所具备的资源条件、特色优势发展。由于各区域所在的地理位置不同,自然要素禀赋差别较大。我国幅员辽阔,东部、中部、西部地区的区域产业结构呈现明显的区域特征。东部具有优越的自然条件和区位优势,但能源并不充裕。因此,东部不能发展能源高消耗型的产业,而适合发展知识密集型和劳动密集型的产业。中部、西部地区在具备能源优势的情况下,可以发展资源开发型和资源消耗型等相关产业。

2. 非永久性

区域产业结构会随着区域各种资源条件和生产条件的改变、社会需要的变化以及技术水平的提高而经常变化。在经济增长的不同时期,产业结构也将发生变动。同时,区域产业结构作为一个独立的整体,其各个组成要素也不是孤立的、静止的。因此,区域产业结构不是一经确立就永久不变的。不同的产业结构体现了区域经济的发展水平,也反映了产业结构的阶段性。

3. 外部性

区域产业结构虽然建立在区域经济发展的基础之上,但由于经济发展并不是封闭的,一个产业的形成和发展也受区域外资金、技术、人才等方面的影响,与外界保持着不断的交流与往来。因此区域产业结构具有外部性。

4. 主辅产业协调性

区域产业结构一般都以主导产业为发展核心和方向,同时发展一些辅助产业。产业结构中，主导产业与辅助产业之间是相互关联、相互协调的关系。主导产业要有带动性，能在发展中带动其他产业的发展，其他辅助产业也能协助主导产业，一起推进产业结构的优化，从而促进区域经济的稳步发展。

5. 相互依赖性

区域内资源供给条件的限制，使区域只能在部分产业的发展上集聚力量，形成竞争优势，从而形成专业化的生产规模，产生具有比较优势的专业化产业。而部分产业难以得到充足的要素供给，无法形成竞争优势，有的甚至难以发展。因此，一个区域的优势产业往往与另一个地区的优势产业形成互补，产生区域间优势产业或产品的贸易往来，使各区域形成一个相互联系、密不可分的经济统一体。

6. 多样性

不同的自然地理情况、需求结构以及资源供给结构会形成不同的产业结构，经济发展阶段的不同也决定了产业结构的不同。各区域所处的环境以及所具备的条件的多样性，决定了各区域产业结构的多样性。

四 区域产业结构变动的影响因素

1. 区域自然资源要素禀赋

区域产业结构是在国家产业结构整体布局的情况下，按照区域经济的发展要求，根据区域所特有的自然资源状况建立起来的。所谓区域自然要素禀赋就是指一定区域所特有的自然资源状况，是区域产业结构形成的基础性因素和必要条件。自然要素主要包括气候、土地资源以及各种矿藏资源等。某区域所具备的某种自然资源的数量越多，该区域利用该种自然资源发展起来的产业部门的规模就越大。某区域具备某种资源优势或是某些资源优势的组合，都可以促进以利用这些资源为主的产业部门的形成和发展。一般情况下，气候资源和土地资源的好坏直接影响一个区域农业的发展，而其他各种矿藏资源影响这个区域的开采工业以及重工业等产业的形成。因此，区域自然资源状况是决定区域产业部门形成和发展的重要决定因素之一。

2. 需求因素

生产是为了满足需求，需求也会促进生产。需求结构的变化直接影响着区域产业结构的变化。特别是在市场经济条件下，需求已经成为决定区域产业结构变动的主导力量。需求因素主要包括对生产资料的需求和对消费品的需求，两者之间比例关系的变化将影响生产生产资料的产业部门和生产消费品的产业部门在产业结构中的比重，促使区域产业结构发生相应变动。对消费品产业产生直接影响的是消费需求结构。影响区域产业结构变动的消费需求结构方面的因素主要有：个人消费需求结构和政府消费需求结构，以及两者之间的比例关系。

个人消费结构主要受个人收入水平和不同商品的比较价格的影响。不同的收入水平决定了人们对三次产业提供的产品的不同需求。当收入水平极低时，人们的消费绝大部分是为了满足温饱。因此，第一产业提供的产品成为人们的主要消费品，第一产业在产业结构中占有的比重较高。随着人们收入水平的提高，个人消费结构中对于食品的需求比重越来越低，而对于工业消费品以及服务产品的需求比重越来越高。因此，产业结构中第一产业的比重逐步下降，第二、第三产业的比重逐渐上升。特别在物质产品极大丰富的社会，人们对服务产品，尤其是知识以及信息类产品的需求将大大提高，服务产业将得到空前发展。另外，在同一收入水平下，不同商品具有的不同比较价格也直接影响人们的消费结构，从而影响区域产业结构的变化。

政府消费结构也受人们收入水平的影响。较高的人均收入水平为政府消费提供了财力保证。有财力保证的政府不仅会扩大其消费总量，而且会改变其消费结构。这直接影响着区域产业结构的变化。

个人消费需求与政府消费需求的产品结构不同，因此，消费需求结构中个人消费需求与政府消费需求之间的比例变化，将影响区域产业结构中消费品产业结构的变化。

中国是一个幅员辽阔的国家。在市场经济条件下，各区域之间的消费需求结构颇为相似，但这并不意味着各区域之间的产业结构极为相似。这是因为，一个区域的消费需求结构是区域内消费者的消费需求和区域外消费者的消费需求的有机结合，同时，各区域的主导产业和优势产业存在较大差异。在市场经济条件下，本区域的主导产业或者优势产业可以通过市场竞争，把产品"出口"到区域外。这样，产品不仅满足了区域内消费者的消费需求，也满足了区域外居民的消费需求，在区域外消费市场上也占有一定份额，该产品的生产规模会逐渐扩大，形成具有竞争优势的产业。同时，区域外具有竞争优势的产品也可以通过竞争打进本区域，从而对本区域该产品的生产产生限制作用。这样，区域之间通过贸易往来，满足了人们的共同消费需求，形成了区域间不同的产业结构，各区域按照自己的优势形成了各具特色的产业结构。

3. 供给因素

对区域产业结构变动产生重要作用的供给因素包括劳动力、资本,以及科技的发展水平。

劳动力是生产要素中最积极、最活跃的因素。劳动力的数量、素质以及价格的变化直接影响着劳动力的供给程度。区域劳动力资源丰富,即为区域发展劳动密集型产业提供了最基本条件。当区内劳动力资源供给充裕时,往往会吸引劳动密集型产业投资。劳动力素质包括劳动力的身体素质、科学素质等。劳动力的科学素质对区域产业结构的优化起着非常重要的作用,因为劳动力科学素质的提高可以大大提高劳动者的工作能力和产业的技术水平,从而大大提高劳动生产率。无论是国家还是区域经济的发展都离不开人口科学素质的提高。

区域资本供给是影响区域产业结构变动的因素之一。区域资金的总量变化及其在不同产业部门之间的分配,都直接影响着区域产业结构的形成和发展。在资金供给充裕的地区,资金的使用成本下降,有利于发展资金密集型产业。如果资金大量流向技术开发,则为发展技术密集型产业创造了有利条件。反之,在资金缺乏的区域,产业的优化升级得不到资金的有利支持,会阻碍区域产业结构向更高层次演进。

科学技术发展水平的提高会引起产业结构发生相应变动。当区域科学技术水平低下时,区域生产力也极其低下,生产社会化程度低,手工劳动占主要地位,产业部门数目少而且部门之间缺乏相互联系。随着科学技术水平的不断发展,一方面技术进步使产品生产成本下降,形成了市场竞争优势,市场需求不断扩大,从而使技术进步快的产业得以快速发展;另一方面,技术进步促进了劳动生产率的提高，推动了产业部门经济的发展。市场经济条件下，生产率提高，导致部门经济效益提高，必将吸引更多生产要素流入，从而改变生产要素在各产业之间的重新配置，影响区域产业结构的变动。

五 区域产业结构优化的一般原则

区域产业结构优化的最终目的是增强本区域产业的竞争力，并在市场上占有更大的份额。区域产业结构优化既是区域经济发展的客观要求，也是整个国民经济稳步发展的迫切要求。因此，调整与优化区域产业结构，要充分发挥区域优势，促进区域产业结构的合理化和高度化，促进区域经济持续、快速、健康发展。同时，在优化区域产业结构过程中，还要处理好区域利益与国家整体利益之间的关系，在实现本区域经济效益最大化的同时，要使区域产业结构与国家整体产业结构协调起来，与国家整体经济利益统一起来。

1. 充分发挥地区优势

区域产业结构优化必须遵循充分发挥区域优势的原则。只有发挥区域优势，才有利于保持区域经济的健康发展。发挥区域优势，即在建立区域产业结构时，既要与区域自然资源相适应，又要与区域经济、社会条件相适应。自然资源条件是区域产业结构形成和发展的基础条件，区域产业结构的调整与优化不能脱离本身的资源条件。例如，我国的山西省煤炭资源丰富，其煤炭资源优势是其他省市无法比拟的，因此，山西省适合发展煤炭的开采以及对煤炭利用程度高的产业。与经济条件相适应，即要与区域经济发展水平以及市场经济条件相适应。适应经济发展阶段的区域产业结构才是合理的产业结构。市场经济条件即市场需求、供给以及贸易等。区域产业结构无论怎么调整都应该充分发挥区域内具有优势的资源并使其得到充分的利用，形成本区域具有竞争优势的产业，从而促进区域经济以及国民经济的整体发展。

2. 主导产业与辅助产业相结合

调整与优化区域产业结构必须确定本区域的主导产业，同时确定本区域主导产业与辅助产业之间的数量比例关系，实现本区域产业结构中主辅产业的有机结合。主导产业是在区域经济发展中起主导作用，在产业结构中处于主要支配地位的产业。主导产业应是具备增长率高、产业关联度强等特点，能够保持自身较高增长速度并能带动其他产业发展的产业部门。主导产业不是一个孤立的产业，而是一组产业，一般表现为若干个相关的或是紧密联系的产业所组成的产业群。主导产业对区域经济发展起重要的决定性作用。但是，为了满足人们更多的需求，在发展主导产业的同时，应该有更多的辅助产业部门，保证区域产业结构的多层次、多元化发展。这样有利于加强区域产业结构的自我调控能力，避免区域经济出现大起大落等失衡现象。因此，区域产业结构应以主导产业为核心，主导产业与辅助产业相结合，各个产业部门相互补充、相互协调，才能形成强大的有竞争优势的区域产业结构，从而促进区域经济的快速发展。

3. 区域间、区域与国家之间产业结构相协调

各区域的产业结构是国家产业结构的有机组成部分，因此，区域产业结构不能盲目发展，更不能自我封闭脱离国家产业结构的总体要求，区域产业结构的调整与优化要与国家产业结构的调整、升级协调起来。在区域产业结构实现合理化、高度化的同时，要保证国家总体产业结构的合理化与高度化，实现全国产业结构的优化，保证国家整体效益的最大化。

区域产业结构的外部性以及区域产业结构的专业化要求各区域产业结构之间是相互依赖、相互补充的关系。因此各区域应充分发挥自身优势，按照产业结构演进规律，根据区域间相互协同的原则，推进区域产业结构的优化。

4. 有利于各区域间经济协调发展

自然条件以及社会条件的差异使各区域的经济发展出现不均衡现象。经济发达地区的产业结构相对来说比较先进，而经济不发达地区的产业结构比较落后。在市场经济条件下，发达地区的产品不断"出口"到外区域，增加了市场份额，形成具有竞争优势的产业，从而促进了本区域经济的快速发展。而经济不发达地区由于外区域产品的不断"进口"，本区域产品的市场份额越来越少，会抑制本区域的产业发展和结构优化。这将使各区域之间的差距越来越大。这种情况下，政府应该发挥它的职能作用，促使区域经济协调发展。其主要内容是协调区域间的经济利益关系和产业分工关系，通过调整与优化区域产业结构，实现区域经济的协调发展。政府应该鼓励经济不发达地区因地制宜、集中精力发展优势产业，带动其他产业的发展，促进区域经济的全面振兴。经济发达地区应该加强技术创新和制度创新，促进产业结构的优化和升级，并加强与不发达地区的经济联系，使发达地区的资金、技术不断向不发达地区转移，强化产业结构的扩散效应，实现各区域的协调发展，促进区域经济共同发展。

5. 与社会发展目标相协调

区域产业结构的优化一方面要考虑它的经济效益，另一方面还要考虑产业结构发展的社会性原则。国家既要实现经济的稳步和协调发展，又要保证国家的安全和政治上的稳定。这是社会发展的整体目标。因此，在调整、优化区域产业结构时，要重视文化教育、卫生体育、环境建设以及科学研究等方面的配套协调发展。同时，政府在制定区域发展规划、协调区域经济发展目标时，要注意边疆、少数民族地区的经济发展，从全局出发，保证整个社会的稳定和进步。

上述几条原则是区域产业结构优化的一般标准和原则。某些具体的区域在优化过程中，还要结合本区域的自然、社会以及现实经济条件，根据具体情况进行具体分析，确定优化方向。

六 增长极理论

1. 增长极的基本概念

增长极（Growth Pole），最早由法国著名经济学家弗朗索瓦·佩鲁于1950年提出，也译作发展极、增长点、增长焦点、增长核、生长点等，国内学者通常使用增长极作为标准术语。佩鲁在1950年发表的《经济空间：理论与应用》一文中，阐述了"经济空间"的概念。他认为，经济空间是指存在于一定经济环境之中的各种相互影响的要素之间的经济关系，要素的形态和结构直接影响到经济空间的形态，这是一种抽象的概括。以与现代数学空间同构的、抽象的经济空间为出发点，他在1955年《略论"增长极"的概念》一文中正式提出"增长极"的概念，即增长极是"在显著的经济增长中"存在的某些推进型产业,"它们先于其他产业而发展起来,具有现代大工业的形式:生产要素相互分离,资本集中在单一控制之下,工作的技术分离和机械化。在给定的期间内,它们的产出增长率高于平均的工业产出增长率和国民产出增长率"。[①]

这些推进型产业的集合,就是增长极概念的核心。抽象的经济空间分为三种类型:计划空间、力场空间和均质整体空间。力场空间由许多极组成,每一个极都会产生并释放一定的离心力和向心力,形成一种"受力场",同时它又处于其他极的力场中,各个中心产生的吸引力和排斥力相互作用、相互影响,便形成了一个统一的力场空间。而增长极产生于力场空间,恰似物理学上的"磁极",在经济中有生产、贸易、金融、信息、决策及交通运输等各种中心的多种功能,产生巨大的吸引辐射作用,在自身发展的同时推动其他部门和地区经济增长。推进型产业可能是某一产业,或是同部门内的一组产业,或是有共同合约关系的某些产业的集合。在任何时期内,正在增长中的经济体都有这样一些推动性单位。

2. 增长极的分类

增长极按照其定义的范畴,可划分为广义增长极和狭义增长极。所谓广义增长极,是指所有能促进经济增长的积极因素和生长点,包括技术创新点、制度创新点、企业创新点、消费热点、对外开放度,等等。狭义增长极有产业增长极、城市增长极、潜

[①] 弗朗索瓦·佩鲁:《略论"增长极"的概念》,收录于郭熙保主编《发展经济学经典论著选》,中国经济出版社,1998。文选收录了大部分发表于20世纪五六十年代的发展经济学的主要理论。

在的经济增长极三种类型。

按照空间结构划分,增长极可分为经济空间增长极和地理空间增长极。经济空间增长极强调的是增长极的经济结构特点,如产业关联效应、经济要素流动效应;而地理空间增长极强调的是增长极明显的区位特征,如城市中心、金融中心等。

按照形成原因划分,增长极可分为自然增长极和人工增长极。自然增长极是由该地域的资源、地理条件等天然因素形成的。而政策制定者对特定地区进行足够的投资,创造增长点,就成为人工增长极。如果选择正确,其扩张率在将来会自我形成,呈现自然增长极的特征。而现在一般意义上的增长极,尤其是用作政策指导性的增长极,多指由国家计划或政府主导,自上而下形成的,都属于后者。

3. 增长极理论概述

在佩鲁看来,"国民经济的增长不再简单地出现在人们生活其中的政治上有组织的疆域之内。……国民经济的增长现在是以相对积极的集团(推进型产业、活动极)和相对消极的集团(依赖增长极的被推进型产业和地区)的结合而出现的,前者引诱其他的增长现象"[①] 佩鲁的发展观认为,真正的发展必须要承认各国内不同区域、不同行业在发展目标、方法上的不一致和不平衡特点,不能照搬某一种发展模式或者把这种模式强加于人,应充分认识到发展的整体性和相互关联性。他的增长极理论

---

① 弗朗索瓦·佩鲁:《略论"增长极"的概念》,收录于郭熙保主编《发展经济学经典论著选》,中国经济出版社,1998。文选收录了大部分发表于20世纪五六十年代的发展经济学的主要理论。

主要包括以下几个方面。

（1）创新是增长极形成的前提。佩鲁认为，经济发展的主要动因是技术进步或创新，而创新倾向于集中在一些特定的企业，即推进型产业中。增长极理论重视创新。在区域经济发展中，创新起到举足轻重的作用，创新是增长极的发源地，增长极的形成有赖于具有创新能力的企业和企业家群体的存在。这些企业引进新的生产方式，开辟新的市场，建立新的企业组织，拥有先进的生产技术，从而具有旺盛的生命力，在经济发展过程中易处于支配地位，并使其所在的部门成为推进部门。

（2）政府引导。佩鲁深受当时流行的经济学学者的影响。对他影响比较深的是钱纳里、多马、哈罗德、萨缪尔逊、纳克斯、罗森斯坦－罗丹、罗斯托等人。在吸收了众多宏观经济学和发展经济学领域的理论知识，并深受当时社会主义国家和欧洲国家所制订的经济发展计划的影响后，他意识到了政府管理的重要作用，认为对市场的自由放任必然导致垄断和社会经济环境的不完善，从而认为资本主义经济需要计划和管理。佩鲁就是从这种观点出发提出了他的增长极理论，即政府有意识地培育增长极，利用增长极的推动效应和产业之间的连锁效应，带动全局的发展。这也是佩鲁提出增长极理论的真正意图。

（3）规模效益是增长极形成的先决条件。推动型产业快速增长，生产规模不断扩大，其自身的规模经济效应会导致生产成本下降，同时对其他众多企业的生产活动会产生外部经济或外部效应，即其他企业都会从集聚中得到直接或间接的利益，使得整个产业的生产成本降低，生产效益上升，所有企业都将获得规模效益，并诱导其他产业加入。这种效应，就是一种吸引力和向心力，一种使其他企业聚集的力量。产业的集聚使不同企业分享公共设施，降低生产成本，有效降低交易费用，形成产业集群成本竞争的优势。产业聚集也促进了专业化分工和协作，通过共性和互补性，带来更大的规模效应。

佩鲁的增长极理论的主要观点是，技术进步和创新是经济增长的源泉，而技术进步和创新并不是在所有产业均衡推进的。通常而言，某个地区或者某个行业会比其他地区或者其他行业优先具备创新能力或获得技术进步。这种先天优势的连锁反应形成了经济增长的中心，再通过经济增长中的外部效应形成产业集聚。产业集聚带来的极化效应和扩散效应相互作用，相互影响。极化效应和扩散效应是同时并存的复合过程。极化效应使地区经济逐渐向增长极核移动；而扩散效应是一种离心力，使增长极核的生产要素向周围地区移动，影响和带动周围地区经济的发展，缩小极核地与周围地区的经济发展水平差距，促进区域均衡发展。当整个地区发展水平上升后，该地区便成为范围扩大的新极核，再辐射和影响更大范围的地区。

4. 增长极理论的发展

佩鲁的增长极理论重视的主要是增长极的功能结构特点，尤其是产业间的关联效应和对经济其他方面的辐射效应，而忽视了增长的地理空间方面的变化，地域的极化没有作为增长极的一个内在要素。对于这方面的缺欠，该理论的追随者不断地补充和完善，使其更加丰满成熟，对决策和实践的指导性也越来越强。

首先试着把佩鲁的抽象理论具体化的是佩鲁的同国籍经济学家布代维尔。1957年布代维尔和其他学者一起将"极"的概念引入地理空间，提出了"增长中心"的概念。他们认为"经济空间是经济变量在地理空间之中的运用"，把地域聚集作为极化过程的形成。这就使增长极有了确定的地理位置，即增长极的"极"，位于城镇或其附近的中心区域。增长极具有了"推动"与"空间集聚"两层含义，对于区域经济发展的影响变为两个方面：一是极化中心本身在产业结构中的快速增长，二是极化中心在空间内对周围地区的影响。

佩鲁增长极理论的另一缺陷在于，过分强调增长极的正面效应，而对负面效应不置一词，从而忽略了增长极理论的实践性。瑞典经济学家缪尔达尔和美国经济学家赫希曼相继对这一缺陷进行了弥补。

瑞典经济学家缪尔达尔于1957年提出了"循环累积因果理论"，该理论提出了扩散效应和回波效应的概念。他指出，某些区域由于初始优势而超前于周围地区发展，并在既得的优势上继续超前发展。回流效应导致劳动力、资金、技术由落后地区向先进地区流动，使得先进地区的经济增长以落后地区的更加落后为代价。这不仅阻碍了落后地区的发展，而且最终使整个经济增长放缓。同时，他提出了既能发挥发达地区的带头作用，又能刺激落后地区发展，最终缩小差距的若干政策主张，以及国家干预占上风的"诱导的发展极"的观点。

1958年美国经济学家赫希曼出版《经济发展战略》一书。赫希曼在这部著作中探讨了增长在区域中的传播机制。同佩鲁一样，他认为，"经济发展不可能在任何地方同时出现，一旦它在某一点出现,强大的经济增长力将在这最初的出发点周围形成空间的集中"。他提出,经济发展地区与经济滞后地区存在极化效应和涓滴效应。极化效应是经济发展地区存在的高工资、高利润、高效率及完善的生产和投资环境,不断吸引落后地区的资本、技术和人才,从而使经济滞后区的经济萎缩,差距扩大;而涓滴效应主要是发达地区通过增加对经济滞后区的购买力、投资和移民,提高该地的边际劳动生产率和人均消费水平,进而逐步缩小两地差距。

增长极理论的政策化和实用化成为后续阶段发展的主要特征。为了解释区域经济空间结构和形态的演进过程,并制定相应的政策以实现空间经济的一体化,美国自由主义经济学家弗里德曼于20世纪60年代提出了"中心—外围理论"。这种理论认为,资源、市场、技术和环境等方面的区域分布差异是客观存在的,任何区域系统都可以根据这一差异分成"中心"和"外围"两个子空间系统。某些区域之所以能成为区域经济体系中的"中心",是因为这些地区的产业聚集所形成的累积发展使这些地区获得了比其他地区强大得多的竞争优势;而其他地区相对于中心地区而言,经济发展明显呈弱势,逐渐成为区域经济体系中的"外围"。中心与外围的差距随着时间的推移不断加强,从而在空间上出现二元经济结构现象。但中心与外围的差距以及二元经济结构不是不可以改变的。弗里德曼指出,通过政府的政策性引导和区际人口迁移影响生产要素的流向,同时随着城市化进程的加快、交通条件的改善和市场的扩大,中心与外围的界限会逐步消失,空间经济最终会向一体化方向发展(见表2-3)。

表2-3　增长极理论的发展

	佩鲁	布代维尔	缪尔达尔	赫希曼	弗里德曼
理论	增长极理论	增长极理论	循环积累因果理论	不平衡经济增长论	中心—外围理论
发生位置	产业综合体	产业综合体	产业地域综合体	产业地域综合体	城市中心
作用空间	经济空间	经济空间 地理空间	经济空间 地理空间	经济空间 地理空间	地理空间
作用原理	极化—扩散效应	极化—扩散效应	扩散效应和回波效应	极化效应和涓滴效应	空间二元结构

第三章 我国资源型城市发展状况

第一节 资源型城市的界定

一 资源的定义

"资源"的英文是 resources，指"生产过程中所使用的投入"，是生产要素的代名词。资源被划分为自然资源、人力资源和加工资源。①

马克思说："劳动和土地，是财富两个原始的形成要素。"恩格斯说："其实，劳动和自然界在一起它才是一切财富的源泉，自然界为劳动提供材料，劳动把材料转变为财富。"② 这里，既指出了自然资源的客观存在，又指出人（包括劳动力和技术）的因素是社会财富的另一来源。这说明了资源的来源及组成，不仅是自然资源，还包括人力、人才、智力（信息、知识）等资

---

① 〔英〕彼得·蒙德尔等：《经济学解说》，经济科学出版社，2000。
② 《马克思恩格斯选集》第四卷，1995年6月第2版，第373页。

源。这样，资源是指一切可被人类开发和利用的物质、能量和信息的总称，它广泛地存在于自然界和人类社会中，是一种自然存在物或能够给人类带来财富的财富，包括土地资源、矿产资源、森林资源、海洋资源、石油资源、人力资源、信息资源等。资源可分为经济资源与非经济资源两大类。经济学研究的资源是具有使用价值、可以为人类开发和利用的经济资源。

通常把自然资源、社会经济资源、技术资源称为人类社会的三大类资源。

二 资源型城市的定义

英文中对资源型城市的说法大体上有 resource-based city、resource-based town、company town、mining town 等几种，意指某些在矿业公司主导下形成、以单一采掘业为主的城市（Bradbury，1979）。[①] 这些城市多半位置偏远，其形成和发展的过程常会受到跨国公司之类大公司经营决策的影响。这些公司的投资多出于对资源利益的需求，而很少考虑到地方的发展。出于对成本的考虑，公司会尽量减少驻地员工的数量，严格控制对基础设施的投入。于是，在矿区周围通常只能形成一些基本的社区服务，而不会聚集大规模人口。开采活动结束，若没有其他投资机会，大多数的城镇就很难再有所发展，只能保持社区（community）的状态。许多城镇的人口因此逐渐减少，最终沦为"鬼城"（ghost town）。

与国外相比，我国资源型城市是随着矿产、能源、森林、水电、

---

① Bradbury J. H.: "Towards an Alternative Theory of Resource-Based Town Development", *Economic Geography*, 1979, 55 (2): pp. 147 – 166.

旅游等一些自然资源的开发利用而兴起，并且因采掘这些资源而形成的相关产业在地区社会经济中占据主导地位的城市。这些城市是区域社会经济发展的中心，具有集聚、带动、辐射功能。与一般城市不同的地方在于，资源型城市对资源的依赖性强，因而受到资源量可耗竭性和生态环境脆弱性的制约，表现出独特的城市发展规律。因此，资源型城市与一般城市功能的共同点是城市，个性点是资源产业。

在我国，迄今为止尚没有形成一个能为大家普遍认同的关于资源型城市的定义。从称谓上，有资源城市、工矿城市、矿业城市、资源型城市、资源性城市等几种。我们认为从产业经济学和资源经济学的角度判断，资源型城市更能准确反映这类城市的特征。

关于资源型城市的几种有代表性的定义如下。

郑伯红（1999）认为，资源型城市指的是伴随资源开发而兴起或是在其发展过程中，因资源开发促使其再度繁荣的城市，属于专门化职能城市的一种。广义上涵盖范围较广，包括自然与人文资源；狭义上的资源型城市只包括自然资源。[①]

张秀生、陈先勇（2001）认为，从功能的角度看，资源型城市的主要功能是提供给社会矿产品及其初加工品等资源型产品。在这些城市矿业是主导产业或支柱产业，城市形态往往随着资源开发周期、社会经济环境变化以及城市经济结构转型等因素而呈现不同的发展形态。[②]

按照城市的产生和发展，通常将城市划分为三种类型：一是以

---

① 郑伯红：《资源型城市的可持续发展优化及案例研究》，《云南地理环境研究》1999 年第 1 期。
② 张秀生、陈先勇：《论中国资源型城市产业发展的现状、困境与对策》，《经济评论》2001 年第 6 期。

商品交换为中心的地方城市；二是转运港口、区际贸易和交通运输型城市；三是专门化职能型城市。据此，资源型城市是伴随资源开发而兴起，或是在发展过程中，因资源开发而促使其再度繁荣的城市（有依托型资源城市），属于专门化职能型城市的范畴。

张米尔、武春友（2001）认为，资源型城市是一种特殊的城市，以围绕资源开发而产生的采掘业和初级加工业为主导产业，是依托资源的开发而兴建或发展起来的城市。[①]

国家相关行政部门对资源型城市进行了相关研究并界定了资源型城市的概念。国家发展与改革委员会宏观经济研究院课题组（2002）认为，因开采自然资源而兴起或发展起来，并且资源型产业在工业中占较大份额的城市即为资源型城市。这里的自然资源主要是矿产资源，同时也包含森林资源。资源性产业不仅包括矿产资源的开发，也指如钢铁工业与有色冶金工业等矿产资源的初加工工业。同时，国土资源部专家认为，资源型城市即是因矿产资源开发而形成与发展起来的城市。[②]

王青云（2003）重点讨论了资源型城市的转型过程，他对资源型城市的基本界定采用国家发展与改革委员会报告（2002）中的定义，即资源型城市是因自然资源的开采而兴起或发展壮大，且资源型产业在工业中占有较大份额的城市。所指的自然资源大部分为矿产资源，资源性产业既包括矿产资源的开发，也包括矿产资源的初加工，如钢铁工业和有色冶金工业。[③]

[①] 张米尔、武春友：《资源型城市产业转型障碍与对策研究》，《经济理论与经济管理》2001年第2期。

[②] 国家计委宏观经济研究院课题组：《我国资源型城市的界定与分类》，《宏观经济研究》2002年第11期。

[③] 王青云：《看资源型城市如何转型》，《发展》2003年第8期。

三　资源型城市的确定标准

国家发展与改革委员会在报告（2002）中对界定资源型城市提出了三个原则和四个标准。

三个界定原则为：

（1）发生学原则。即城市的产生、发展与资源开发有着密切联系。资源型城市的形成按照资源开采与城市形成的先后顺序可划分为两种模式，一是"先矿后城式"，即因为资源开采而出现的城市，如我国的攀枝花、大庆、克拉玛依等；二是"先城后矿式"，即城市存在于资源开发前，资源的开发加速了城市的发展，如大同、邯郸等。

（2）动态原则。即对资源型城市的考察必须关注其发展的全过程，包括过去和现在。有些城市曾经是资源型城市，但若干年的经济转型之后，其资源性产业在城市经济中所占比重已经很小，而城市经济对资源性产业的依赖程度降得很低了。转型后，这类城市的本质特征已与资源型城市相差甚远。

（3）定性与定量相结合。单纯从定性角度考量，主观因素过多而难以确保其科学准确；而仅用定量方式分析则显得过于机械，难以结合不能用数据表达的复杂因素，未免有失偏颇。因此，以定量为主，定性为辅，将定性与定量相结合的方法比较科学。

四个界定标准如下：

（1）采掘业产值比重。即采掘业的产值占工业总产值的比重应超过10%。

（2）采掘业产值规模。绝对产值对于县级市应超过一亿元，对地级市而言则应超过两亿元。

（3）采掘业从业人员比重。即全部从业人员的 5% 以上应从事采掘业。

（4）采掘业从业人员规模。在县级市采掘业从业人员应超过 1 万人，对地级市而言应有超过 2 万人从事采掘业。

原则上来说，只有同时满足了以上四个原则，才能称为资源型城市。国家发改委依据上述标准，在全国确定了 118 个资源型城市。其中，53% 是煤城，共 63 个；占 18% 的是森林城市，有 21 个；分别占 10%、8%、7% 与 14% 的是有色冶金城市（12 个）、石油城市（9 个）、黑色冶金城市（8 个）、其他城市 5 个。根据上述标准设定不同的指标取值，国土资源部的有关专家统计了经济和社会指标。结果表明，我国目前共有资源型城市（矿业城市）426 座，这些城市的人口加总起来多达 31084 万人。因本研究不涉及对资源型城市的数量界定研究，所以将统一按照国家发改委的标准来确定数量。

第二节 资源型城市概况

新中国成立以来，我国在大规模推进工业化的进程中，大规模开采了各类自然资源，包括能源如石油、煤炭、天然气和各种金属矿藏如铁、铜等。这些都是工业发展所需要的。此类资源丰富的地区大量聚集了资本和劳动力等生产要素。随着自然资源的大规模开发，大批资源型城市相继兴起。这类城市为国家建设输送了大量能源和原材料，贡献了巨大的利润和税金，在发展我国国民经济和推动我国工业化进程的过程中发挥了重要作用。

由生命周期理论可知，资源型城市一般都要经历"引入、成长、成熟、衰退"4 个时期（见图 3-1 中的实线）。当前面临资源逐渐枯竭的现状，如何避免这一过程中的资源诅咒，并成功实现产业转型，促进城市的可持续发展（如图 3-1 虚线部分所示），是关系到众多资源型城市的紧迫问题。

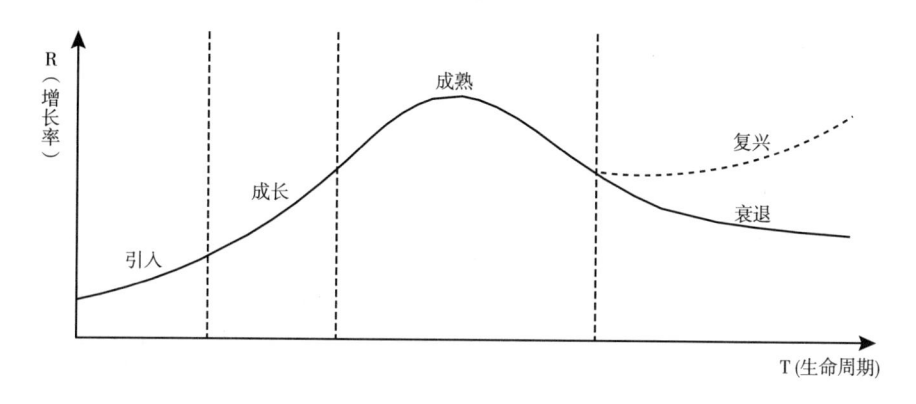

图 3-1 资源型城市的演进

资源型城市中，资源与经济相互作用，包括资源对经济的约束以及经济对资源的依赖，这是其经济增长的瓶颈。受到自然资源开发生命周期的限制，加之传统产品市场日渐萎缩，资源型城市相继进入成熟期和衰退期。在后工业化时期，自然资源不再是主要生产要素，而且这些城市的产业结构不合理，存在体制和机制的固有矛盾。因此，随着时间的推移，许多资源型城市的发展遇到困难，开始走向下坡路，在衰落中走向消亡。这使得资源型城市的地位开始边缘化。在我国，这类城市出现了诸多社会问题和经济问题，其产业转型问题引发了社会各界的关注。

实现资源型城市产业结构的优化升级，解决其劳动力就业问题，维持其社会稳定和可持续发展，要求实现资源型城市的产业转型。这是从国内外资源型城市的发展中总结出的经验教训。这类城市的产业转型属于经济发展中的战略性调整，这项工程系而复杂。这类城市面临的现实困难急需解决，接续、替代等产业的培育任务长期而艰巨。由此可见，深入研究资源型城市的产业转型具有十分重要的理论和现实意义。

第三节　资源枯竭型城市面临的困境

资源枯竭型城市在经济发展过程中对煤炭、矿石等资源的过度依赖，造成其产业结构单一、经济结构失衡等一些长期积累的矛盾和问题。这些问题随着不可再生资源的枯竭，充分显现出来。目前我国有近400座矿山、50座矿业城市由于资源枯竭而关闭或即将关闭。

（1）经济发展滞缓。从产业效益来看，以矿业城市为例，我国部分小型矿业城市人均GDP和在职职工平均工资仅为全国城市平均水平的50%左右。

（2）产业结构严重失衡。资源枯竭型城市一般都是依托本地一类或几类主要资源进行开发而逐渐形成的。这些城市的经济发展严重依靠资源开采和加工，资源产业是其主力产业，而其他企业则基本是围绕主业进行配套和服务的，从而形成"一荣俱荣，一损俱损"的经济结构。这种高度的单一性，导致产业结构严重失衡，城市的发展受到限制，城市功能不全，第三产业以及可替代产业发展落后。

（3）生态生存环境破坏严重。多数资源枯竭型城市在长期发展过程中，只考虑资源的开采，强调"先生产，后生活"，忽略了环境治理，导致环境污染严重，粉尘弥漫，废物堆积，地面塌陷，水源污染，耕地被挤占或毁损。城市环境恶化阻碍了生产发展，严重影响了群众的生活，城市发展遭遇前所未有的危机。目前我国每年由矿产资源开采引发的地质灾害所造成的直接经济损失已经超过 100 亿元。每开采万吨煤引起的地面下沉区面积达到 0.2 公顷，而每年矿山开采的废弃物占到工业废弃物总量的 85%。我国境内的金属尾矿、煤矸石堆积达到 50 亿吨，遭到直接破坏或占用的土地面积约为 200 万公顷，被破坏的森林面积累计约 106 万公顷，被破坏的草地面积约 26.3 万公顷，并且土地复垦率大约仅为 12%。[①]

（4）财政收支矛盾突出。资源枯竭、矿井关闭、工厂停产使因开采资源而发展起来的相关产业，诸如运输装卸、原材料供给、建筑等行业逐年萎缩，导致政府税源消失，财政收入骤减，财政支出压力加大，矛盾日益突出，直接影响到职工工资的发放及各项公共事业的发展。

（5）民生问题日益凸显。传统的、片面追求产值的增长方式，导致了资源枯竭型城市在交通、通信、供电、供水、供气等基础设施建设上的严重滞后，以及教育、医疗、娱乐、休闲等各种生活设施极不完善。城市管理观念落后，管理效率低下，服务意识差。当所在地自然资源日渐枯竭时，由于经济实力相对落后，城市转型步履艰难。随着矿山的关闭，企业的破产，职工下岗失业。失业人口大量增多，而这些人往往自身文化素质低下，技术单一或者没有技术，接受新东西困难或自己本身就不愿意再去接受新东西。这就加剧了就业问题的解决难度。我国资源型城市涉及的资源型产业就业职工约为 1250 万人，而登记失业人数

---

① 王任飞、翟东升：《还资源型城市一片蓝天》，《宏观经济管理》2006 年第 4 期。

达 90 万人，约占全部职工比重的 7.2%，高于全部城市平均水平 2.3 个百分点。① 再就业面临着巨大的压力。如果再就业问题得不到妥善解决，会引发诸多社会问题，造成刑事案件上升、职工上访增多、社会不稳定等。民生问题尤为显著，甚至会危及社会稳定。

第四节 资源型城市的转型

资源型城市如何实现产业转型仍是一个尚待破解的世界性难题。在最先开始工业化的英、法、德等国，诞生了最早的一批资源型城市，在那里也最先开始了产业转型的实践。法国洛林、德国鲁尔等资源型城市的产业转型从开始至今已有 40 多年，虽然成绩巨大，但仍然没有恢复其鼎盛时期的地位，一些城市的失业率仍然很高。目前，发展中国家的一大批资源型城市还处于艰难的转型之中。因此，许多发展中国家对于研究资源型城市的产业转型有着迫切要求。

新中国成立后，是在"一穷二白"的艰难条件下开展经济建设的。在特殊的工业化背景及计划经济体制下的发展战略的导向下，我国资源型城市的发展多半经历了一个高强度、快速度、大规模的开发时期。这种畸形的发展导致资源型城市对耗竭性资源具有高度依赖性。我国绝大多数资源型城市都是依托资源基地形成和发展的，构成了"资源依赖型"的社会经济结构。这种

---

① 董锁成、李泽红等：《中国资源型城市经济转型问题与战略探索》，《中国人口·资源与环境》2007 年第 5 期。

结构极易使城市陷入"矿竭城衰"的危机。经济发展与资源枯竭的矛盾日趋尖锐，使相当一部分资源型城市从资源衰减走向资源枯竭，并由此积累和引发了一系列经济、环境和社会等方面的问题。同时，资源型城市又是国有经济集中的地区，计划经济退出所形成的"矿竭城衰"问题，使资源型城市的产业转型问题更加迫在眉睫。

经过30余年的改革开放，我国经济社会发展取得了举世瞩目的成就，但经济结构中存在的问题也日益彰显。不少经济学家和官员都指出：中国三十年的经济高增长，是资源消耗型的发展，是投资和出口拉动型的发展，是一、二、三产业不协调的发展，是处在国际产业分工较低端的发展。随着土地、能源、人工等要素成本的上升，我们原来所依赖的低成本"比较优势"已经不复存在。中科院发布的一份报告认为，中国在通往现代化的道路上，将遇到资源环境压力、发展不均衡等尖锐挑战。如果按照发达国家现代化的现有"历史经验"走下去，中国在21世纪末晋级发达国家的概率只有4%。如果不转变现有的经济发展方式，中国的发展成本将越来越高，付出的代价将越来越大，发展的空间将越来越小，前方的道路将越走越窄。中国经济发展方式非转不可。进入20世纪90年代，拼资源、拼环境的粗放发展方式已经成为实现社会经济可持续发展的严重障碍。资源型城市面临的矛盾日趋尖锐，使整个国民经济的发展受到严重的负面影响。政府和社会各界对资源型城市发展的问题越来越关注。

国务院［2001］76号文件确定辽宁省阜新市作为全国首个资源枯竭经济转型试点城市。第二年3月，全国政协九届四次会议向全国发出"要像重视'三农'问题那样重视'四矿'问题"的呼吁，随后组织了对"矿业、矿工、矿山、矿城"等问题的专题调研，并向党中央报送了解决"四矿"问题的建议报告。党的十六大报告中明确提出要"支持以资源开采为主的城市和地区发展接替产业"。

2003年10月，中共中央、国务院在《关于实施东北地区等老工业基地振兴战略的若干意见》（中发［2003］11号）中明确指出，资源型城市的经济转型是"老工业基地调整改造的一个重点和难点"，要"继续做好辽宁省阜新市经济转型试点工作"，在试点基础上总结经验，并加以推广。2004年，《全国危机矿山接替资源找矿规划纲要》及《能源中长期发展规划（2004~2020年）（草案）》获得国务院常务会议审议通过，文件指出要加强与矿业城市有关的资源勘探。

2005年10月，中共十六届五中全会审议通过"十一五"规划，明确提出要"促进资源枯竭型城市经济转型"，要求"积极稳妥地关闭"资源枯竭的矿山，因地制宜地促进以资源开采为主的城市和大矿区"发展接替产业"，并研究探索矿山开发的新模式。在此期间，"两会"将"抓好资源枯竭型城市经济转型试点"作为重要内容，并明确写入了"十一五规划"草案。自此，加快资源型城市经济转型成为国家重点发展战略之一。

2006年3月，在全国人大十届四次会议上，温家宝总理提出，要促进资源枯竭型城市的经济转型、采煤沉陷区的治理和棚户区改造，抓紧研究并建立起资源开发补偿与衰退产业援助两大机制。胡锦涛总书记于2007年10月在十七大报告中指出："加强能源资源节约和生态环境保护，增强可持续发展能力"，并要求坚持节约资源和保护环境的基本国策。

2007年12月24日，国务院制定出台《国务院关于促进资源型城市可持续发展的若干意见》（国发［2007］38号）。[①] 此后，在2008年3月17日，国家发改委确定了首批12个国家资源枯竭城市。为落实国发38号文，有效应对国际金融危机，促进资源型城市可持续发展与区域经济协调发展，国务院于2009年3月确定了第二批32个资源枯竭城市。中央财政给予44个资源枯竭城市财力性转移支付资金支持与配套政策支持。具体名单如下。

（1）地级市：黑龙江省七台河市、黑龙江省伊春市、吉林省白山市、吉林省辽源市、辽宁省盘锦市、辽宁省抚顺市、辽宁省阜新市、内蒙古自治区大兴安岭地区、山东省枣庄市、陕西省铜川市、安徽省淮北市、安徽省铜陵市、河南省焦作市、湖北省黄石市、江西省萍乡市、江西省景德镇市、重庆市万盛区（当作地级市对待）。

（2）县级市：黑龙江省五大连池市（森工）、吉林省敦化市（森工）、吉林省九台市、辽宁省北票市、吉林省舒兰市、内蒙古自治区阿尔山市（森工）、甘肃省玉门市、甘肃省白银市、宁夏回族自治区石嘴山市、山西省孝义市、河南省灵宝市、湖北省潜江市、湖北省钟祥市、湖北省大冶市、湖南省耒阳市、湖南省冷水江市、贵州省铜仁地区万山特区、广西壮族自治区合山市、四川省华蓥市、湖南省资兴市、云南省个旧市。

（3）市辖区：辽宁省葫芦岛市杨家杖子开发区、辽宁省葫

[①] 国务院：《国务院关于促进资源型城市可持续发展的若干意见》，http://www.gov.cn/zwgk/2007－12/24/content_ 841978.htm，2007年12月24日。

芦岛市南票区、辽宁省辽阳市弓长岭区、河北省承德市鹰手营子矿区、河北省张家口市下花园区、云南省昆明市东川区。

资源枯竭型城市应抓住机遇，积极探索，科学规划、合理利用国家的资金和优惠政策，加快转型的步伐。

然而，从现实情况看，我国资源型城市的转型实践并非都进展顺利，一些资源型城市仍处于"资源领先，城市落后"的状态。特别是资源尚未枯竭的资源型城市，未能摆脱对资源的强烈依赖，其内部阻止转型的力量非常强大。这主要由于我国正处于体制转轨与结构调整时期，资源型城市转型处于一种无序状态，与整个国民经济转型不协调。在未能与国民经济结构调整相互配合之前，资源型城市的转型缺乏动力。不同行为主体之间利益博弈带来的行为冲突等一系列的障碍，使关于资源型城市如何突破转型困境的理论和实践有待进一步研究和充实。

各资源型城市所处的环境不同，面临的问题千差万别，因此难以简单判断其转型的优劣或提出万能的转型模式。新能源、新材料时代的到来给我国资源型城市与非资源型城市同时带来了产业升级的压力，而资源型城市面临的挑战将更为艰巨。

第四章　萍乡市的产业结构调整与经济转型

第一节　萍乡市产业结构调整与经济转型的必要性

一　历史回顾

萍乡有着悠久的历史。在5000多年前的新石器时代，就有三苗族在萍乡生产劳动和繁衍生息。西周时，萍乡属扬州，春秋时属吴国，战国为楚地，汉高祖刘邦时属豫章郡宜春县地。三国吴帝孙皓于宝鼎二年（267）设立萍乡县，县治设芦溪古岗。唐武德二年（619），县治从芦溪古岗迁至萍乡凤凰池（今市治所）。唐贞观元年（627），属江南西道袁州府。元元贞元年（1295），萍乡由县升格为州。明洪武二年（1369）由州改为县。清属江西省袁州府。民国三年（1914），属庐陵道。民国十五年（1926），直隶于省。民国二十年（1931），属第八行政区。民国二十四年（1935），属第二行政区。新中国成立后属南昌专区。

1959年1月，南昌专区改名为宜春专区，萍乡属之。1960年9月撤县设市，由宜春专区代管。1970年3月，萍乡为省辖市。1971年，经江西省革命委员会批准设立4个区。

萍乡市是江西省省辖市，位于江西省西部，东与江西省宜春市、南与江西省吉安市、西与湖南省株洲市、北与湖南省浏阳市接壤。全市总面积3827平方千米，现辖芦溪、上栗、莲花三县和安源、湘东两区及作为省级经济开发区的萍乡经济开发区。2011年末，全市总人口（常住人口）187.6万人。萍乡市是江西和华东的"西大门"，在赣西经济发展格局中处于中心位置，素有"湘赣通衢""吴楚咽喉"之称。萍乡处于长株潭经济圈的辐射核心区域，同时接收长江三角洲经济圈、珠江三角洲经济圈、武汉经济区、海西经济区、皖江经济带等"三小时经济圈"的辐射。境内沪昆铁路横穿市内腹地，与京广、京九两大动脉相连。319国道和320国道呈十字形在市区交会通过。沪昆高速、萍洪高速贯穿全境。市中心城区距湖南长沙黄花机场仅120公里，具有优越的区位地理条件。

萍乡市自然资源丰富，历史上就以矿产资源丰富著称。已探明的矿藏有煤、铁、锰、铜、石灰石、高岭土、粉石英、瓷土等36种，其中以煤炭为主。煤炭远景储量达8.52亿吨。煤炭矿井遍及全市3/4的乡镇，被誉为"江南煤都"。全市森林覆盖率达55.4%，植物物种1200余种，有袁水、萍水、草水、莲江几条主要河流，地表水径流量为26.46亿立方米/年，水能源可开发量4万千瓦，地下水储量为4亿立方米。

萍乡以煤立市，该市工业以1898年安源煤矿的开办为标志，属于中国最老的工矿城市之一。1898年清邮政大臣盛宣怀在安源创办萍乡煤矿,1908年又创办了当时中国第一个股份合资企业——汉冶萍公司,修筑了株萍(至安源)铁路。萍乡煤矿为该公司的重要组成部分,是江南最早采用西法机器生产、运输、洗煤、炼焦的煤矿,1916年就产原煤95万吨、焦炭25万吨。汉冶萍公司成为中国第一个跨地区、跨行业的大型企业集团。

自清末汉冶萍公司设立至今,对煤炭资源的大规模机械化开采已有一百多年历史。新中国成立后,为尽快恢复发展国民经济,国家在萍乡不断加大煤矿建设投资力度。1950年以安源煤矿为主组建了萍乡矿务局(统配)。从"一五"时期开始,国家先后在萍乡兴建了高坑、青山、巨源、白源、王坑、王家源、上官岭等大中型煤矿。20世纪90年代中期,全市登记各类煤矿1116家,设计年生产能力达1000万吨。

新中国成立以来,萍乡的煤炭开采为国家经济建设和社会发展作出了重要贡献,为华东、中南地区提供了大量的工业用煤和生活用煤。据统计,1950~2007年萍乡共生产原煤2.8亿吨,累计向国家上缴利税100多亿元,对国家的价值贡献达200多亿元。此外,还为全国重点矿区的开发和建设输送了大批工程技术人员、企业管理人员和熟练技术工人,为全国的煤炭事业作出了贡献。

二 资源枯竭对经济社会发展的影响

萍乡煤炭资源在奉献了全部热量后,逐渐走向衰竭。该市煤炭资源枯竭的状况主要体现在以下几个方面。[①]

---

① 萍乡市人民政府:《萍乡市资源型城市转型规划(送审稿)》,2009年12月,未出版。

(1) 主体资源（煤炭）不断衰减

萍乡已累计探明煤炭资源总量7.52亿吨，可开采量为4.01亿吨，现已累计开采原煤2.8亿吨，约占可开采储量的70%。现矿区工业保有储量约2.215亿吨，约占累计探明储量的29.5%，剩余可开采储量只有1.2亿吨，且近四成为劣质煤，而且基本处于地层深部，开采难度越来越大，开采过程中通风、提升运输、抽水等方面的消耗成倍增长。其中，萍乡矿业集团尚存煤储量为1.19亿吨，可开采储量只有0.4134亿吨。按现有生产能力开采，萍乡在10年之内就会因煤炭资源的枯竭造成大批矿井报废或关闭。

(2) 开采规模逐渐缩小

经过百多年地下大规模开采，萍乡的煤炭资源已进入枯竭期，地下煤炭资源开采日趋困难，煤炭企业生产形势每况愈下。首先，矿井逐年关闭。该市煤矿数量从20世纪90年代中期的1116家急剧衰退到2007年的132家，其中萍乡矿业集团7对矿井中有3对已破产关闭，现存的132家煤矿企业中，列入待关闭名单且属危机矿山的煤矿就有15家，且其余的绝大部分煤矿的剩余服务年限不足10年。其次，产量逐年萎缩。该市原煤开采量由历史最高点1994年的1600万吨下降到了2007年的995万吨。最后，采掘业主要指标占全市的比重明显下降。从采掘业的发展来看，近三年来，无论是产值占全市工业产值的比重还是从业人员数占全部工业从业人员数的比重都呈明显下降趋势。据统计：2005~2007年该市采掘业（煤炭、石灰石、铁矿、高岭土等）工业产值分别为40.89亿元、49.51亿元和67.85亿元，占全市工业总产值的比重分别为20.34%、18.95%和17.99%；采掘业从业人员分别为5.91万人、5.9万人和5.9万人，占工业从业人员比重分别为20.47%、20.4%和18.98%；2007年煤炭采掘业从业人员比鼎盛时期的1997年减少6.3万人，减幅达57.27%。以上数据表明，最近三年来，萍乡市采掘业占工业的比重总的趋势是下降的，采掘业从业人员在逐年下降，而且下降幅度较大。

（3）产业结构性矛盾十分突出

萍乡的经济、财政严重依赖资源型产业，主要是围绕煤炭的开发利用形成的煤炭采选、煤化工、冶金、陶瓷、水泥等产业，而第一产业、加工业、服务业极为脆弱，接续替代产业尚未形成。

据统计，现矿区在岗职工月收入在1000元左右，家庭月人均生活消费支出不足300元，下岗职工生活则更为艰难。一是就业和再就业压力逐年加重。全市煤矿伤残人员和抚恤对象占全市职工的63.5%，共3.9万人，且煤矿工人技能单一，就业渠道比较狭窄，一旦失业就很难再找到合适的工作，致使家庭经济收入急剧下降，生活再次步入困境。二是社会保障难以实现。全市国有资源型企业累计拖欠养老保险费、失业保险费、工伤保险费达11.79亿元。国有资源型困难企业的破产改制，经测算要支付经济补偿、养老保险、失业保险、伤残补助等改制成本30亿元。而国有资源型企业的经营现状及地方现有的财政能力，根本无法承担这一巨额改制成本。

（4）地方财政入不敷出

近些年来，萍乡通过产业转型、招商引资、工业园区建设等方式新增加了一批税源增长点，但由于资源枯竭的影响，资源型行业提供的税收持续萎缩（2005~2007年分别提供税收3.4亿元、3.38亿元和3.25亿元，占税收比重分别为16%、13.9%和11%），固有税源不断下滑，导致全市整体增收困难。2006年、2007年萍乡财政收入增幅在全省排位分别处在倒数第二、倒数第一的位置，增幅也低于全省平均水平，2007年财政总收入增幅低于全省平均水平6.1个百分点。2005~2007年地方一般预算收入占财政支出的比重逐年下降，分别为52%、51.9%、51.3%。地方财力的严重不足使萍乡在环境治理、安全生产、社会保障、人员就业、可持续发展等各方面都面临着极大的财政支出压力。

（5）生态环境破坏严重

萍乡作为一座老工矿城市，煤炭、铁矿、石灰石、高岭土和石英砂等矿产资源开采量大面广。由于开采时间长，污染治理欠账较多，环境污染和生态破坏趋势加剧。首先，固体废弃物和酸雨污染严重。目前伴随煤炭开采产生的煤矸石全市累计堆存量近亿吨，土地占用面积达8000余亩（约合533.33公顷）。粉尘对大气环境产生严重破坏，萍乡的青山煤矿附近地区2005年8月份降尘量曾达380吨/平方公里。煤炭燃烧后产生的二氧化硫进入大气后生成酸雨，萍乡在1998年就被国务院划定为全国酸雨控制区。其次，地下水位下降和跌水严重。多年的开采造成地下水位下降、地面水下跌，使全市近20万亩（约合1.33万公顷）农田灌溉受到影响，每年损失近4000万元，近50万人的生活用水出现困难，全市矿区周边受影响的土地面积达4755.84公顷，林地面积为4553.46公顷。再次，地面塌陷和地裂缝时有出现。由于开采时间跨度长，矿井顶板承载能力下降，萍乡所有矿区内都出现了不同程度的地面塌陷和地裂缝，造成建筑物墙体开裂和大量的农田基本设施被毁坏。萍乡市矿区采煤沉陷区的调查统计显示，全市矿井沉陷面积达到87.7平方千米，引起地表最大下沉值达到11.11米。由此大量房屋及基础设施严重受损，人民群众的生产生活受到了严重影响。最后，生态遭到严重破坏。据检测，矿井废水的悬浮物浓度平均值达280毫克/升，硫酸根离子浓度高达2500毫克/升，化学耗氧量浓度平均值达530毫克/升。而且这类矿井废水不经处理便大量外排，造成水源污染，甚至淤塞河道和农田渠道，直接导致土壤板结。同时，因采煤而砍伐的木材达10万立方米/年，生态遭到严重破坏的面积达到1252公顷。

三 萍乡市产业发展制约问题研究

萍乡是老工业城市，具有较好的产业基础，改革开放30年来工业发展很快，产业自成体系，但结构不合理、龙头企业少、过于依赖资源等问题非常突出。

首先，该市工业经济发展较快，但产业结构不合理，一、三产业拉动力不强。2008年，全市规模以上工业企业完成工业增加值172.7亿元，同比增长26.6%；完成主营业务收入585.9亿元，同比增长49.4%；实现利税79.1亿元，同比增长52.2%；工业经济综合效益指数271.8%，同比上升50.5个百分点。全市有规模以上工业企业659户，比上年净增179户，净增企业全年完成增加值22.4亿元，同比增长200.2%，对规模以上工业增长的贡献率38.6%，拉动全市规模以上工业增长10.1个百分点。但从总体上看，该市存在二产比重过高、产业结构不合理的问题。三大产业结构中，二产比重由2000年的54.3%提高到2008

年的62.5%，提高了8.2个百分点，而第一产业逐年下降，从2000年的14.4%下降到8.5%，下降5.9个百分点；第三产业与经济发展要求不相适应，2008年占生产总值的29%，低于全国和全省平均水平。

其次，虽然新兴产业不断被引进，但传统产业仍占主体，资源型产业比重过大。2008年，市委市政府继续下大力气引进新兴产业，取得了明显成效。总投资60亿元的100兆瓦太阳能多晶硅生产线项目、总投资15亿元的联华电子科技数码城项目、总投资5亿元的钢化玻璃绝缘子项目、总投资30亿元的中科光伏多晶硅项目、赛德太阳能硅材料生产线等高技术项目的引进，大大改善了该市的投资结构。全市现有高新技术企业176户，占规模以上工业企业的26.7%，完成工业增加值44.6亿元，同比增长53.9%。但传统产业占主体地位的情况没有改变，在整个工业体系中仍占一半以上份额，且多为钢铁、水泥、煤炭、陶瓷等资源型产业。2007年资源型企业数量占规模以上企业的56.2%，工业增加值占68.2%，主营业务收入占73%。从2009年起，萍乡已连续三届获得"全国科技进步先进市"称号。2011年，全市科学技术对经济的贡献率达45%。

最后，重大项目进展顺利，但有影响力和拉动力的龙头企业不多，不能形成产业链。2008年是萍乡的"项目建设年"，该市瞄准央企、民企、科企、外企引进战略投资者，成功引进了一期投资65亿元的国电萍乡铝厂技改项目、投资50亿元的华能新建2×60万千瓦发电项目、投资12亿元新建的中材集团收购正大水泥项目等一大批重大项目，全年3000万元以上新开工工业项目262个，完成投资129.2亿元，同比增长116.1%。但就目前已有的企业看，仍然存在龙头企业少的问题，省经贸委连续几年公布全省100强企业，萍乡除了萍钢、萍矿外，其他企业都没有上榜。

四 产业转型之路是萍乡实现城市科学转型的必然选择

国际金融危机还在蔓延，国内外经济形势异常严峻。中央采取保增长、扩内需、调结构等政策措施积极应对。推进产业转型，破解资源枯竭难题，实现可持续发展，提升城市竞争力，是萍乡化危机为生机，保增长、保民生、保稳定，实现科学发展的必然选择。

破解资源枯竭难题必须推进产业转型。萍乡历来以资源丰富著称，特别是煤炭，因煤而生，因煤而兴，被誉为"江南煤都"。然而经过上百年的机械化大规模开采，可利用的资源越来越少，煤炭可供开采的年份最多只剩20年，且开采规模越来越小，年产量由1994年的1600万吨下降至2007年的995万吨。近10年来，由于煤炭资源枯竭等原因已经关闭煤矿984家，煤炭采掘业产值已经下降到全市工业总产值的7.2%。资源是不可再生的，产业转型是应对资源枯竭的必然选择。

保护绿水青山必须推进产业转型。萍乡现有的煤炭、水泥、陶瓷等产业都是高能耗、高排放、高污染的行业。近几年，该市虽然在环境保护方面做了大量扎实有效的工作，取得了有目共睹的好成绩，2008年荣获了全省主要污染物减排先进市，但环境问题依然严峻。在一些资源型传统产业密集的地方，仍然是

"晴天一身灰,雨天一身泥"。要彻底改变节能减排上的被动局面,真正做到既要金山银山,又要绿水青山,必须从最根本的产业结构入手,以产业转型推进节能减排。

提升城市经济竞争力必须推进产业转型。资源型城市单一的产业结构抗风险能力非常差。萍乡过去就有过这样的教训,煤炭行业火的时候,萍乡经济就火,煤炭行业不景气,萍乡经济也跟着不景气,整个城市随这些资源型产业的波动而大起大落。而且,国家对资源型行业的限制越来越多。例如,按照节能减排的要求,生产能力3万吨以下的煤矿要全部关闭,新一轮水泥生产许可证换发时,要依法关停并转规模小于20万吨的小水泥企业。因此,只有加快推进产业转型,做强做精做优传统产业,萍乡才能真正实现科学发展,才能在日趋激烈的城市经济竞争中占有一席之地。

保增长、保民生、保稳定必须推进产业转型。资源型产业的衰退,造成了资源型企业的亏损、破产,导致了大批职工下岗。萍乡煤炭系统共有在册职工15.94万人,其中下岗职工就有10万余人,10万多人没有就业,影响了10万多个家庭的收入,直接影响几十万人的生活质量。同时,多年来地下煤矿开采导致地面沉陷,上万户农民生产生活受到严重影响。地陷造成了住房开裂或倾斜,一些地方水源枯竭无法耕作。采煤沉陷区治理成为市委、市政府刻不容缓的重要工作。同时,煤炭、烟花爆竹等高危行业的安全生产形势严峻。要实现保增长、保民生、保稳定,就必须妥善解决这些问题,努力推进产业转型,倡导全民创业,增强经济实力,扩大就业空间,促进社会和谐。

第二节 萍乡市的经济转型思路

面对困境，萍乡市一直在努力地探索出路。早在20世纪80年代，该市就开始大力推动乡镇企业的发展。乡镇企业曾经占到全市经济总量的60%和农村经济总量的90%以上，为萍乡跳出煤炭束缚、发展非煤产业积累了宝贵的经验。2007年12月24日，国务院制定出台《国务院关于促进资源型城市可持续发展的若干意见》（国发〔2007〕38号），指明了萍乡市发展的出路。

萍乡市被确定为全国首批12个资源枯竭型城市后，充分利用"三张城市名片"（享受东北老工业基地优惠政策的城市、全国第二批循环经济试点城市、全国首批资源枯竭转型试点城市），以产业结构调整为核心，狠抓项目建设，着力保障和改善民生，加强生态建设和环境保护，在加快经济发展方式的转变中，推动城市转型和科学发展。

萍乡市将转变经济发展方式和加快结构调整作为推动经济发展的主抓手，提出了如下转型思路。

(1) 两手抓

一手抓传统优势产业的改造提升，主要是抓好"黑、白、灰、红、金"五大传统优势产业的改造提升。

一手抓培育新兴产业，重点打造冶金、机械电子、煤炭及煤炭综合利用、能源及新能源、非金属矿物制品及新材料、花炮、生物医药、现代服务业、生态文化旅游和现代农业这十大接续替代产业。坚持把新材料、新能源、生物医药、先进装备制造、现代服务业五大战略性新兴产业作为城市转型的核心，有效壮大和发展了新兴产业。

（2）三个转变

一是由主要依靠投资、出口拉动向依靠消费、投资、出口协调拉动转变。按照"提高、拓宽、优化"的思路，着力培育农村、社区、住房、旅游休闲、文化娱乐、餐饮宾招、通信和商业这八个重点消费领域，千方百计拉动消费。

二是由主要依靠第二产业带动向依靠第一、第二、第三产业协同带动转变。做活以安源为龙头的十大"红色"文化游、以武功山为龙头的十大"绿色"体验游、以杨岐山为龙头的十大"古色"怀旧游。

三是由主要依靠增加物质资源消耗向主要依靠科技进步、劳动者素质提高、管理创新转变。着力实施科技创新工程，以科技创新推进经济转型，推进以产业、行业、企业升级改造为重点的结构调整体系建设。

（3）东融西接

以融入鄱阳湖生态经济区为着力点，推进生态、低碳产业项目建设，重点发展旅游业，力争使萍乡成为江西、湖南两省的休闲后花园。以对接长株潭经济区为抓手，重点引进机械制造、新型材料、现代物流、食品加工、文化娱乐等产业项目。

（4）四个对接

对接国家政策、经济转型规划、高新技术成果产业化、产业梯度转移，抓项目，形成多层次、全方位、宽领域的招商新格局。

（5）六个层面的"十大项目"

依托安源经济转型产业基地、武功山旅游综合开发等十大项目推进经济转型；依托国电煤电铝一体化建设、湘东区工业陶瓷企业节能改造等十大项目推进循环经济；依托华能发电、LED半导体等十大项目推进工业做大做强；依托中环大道、江西萍乡陶瓷产业基地等十大项目推进基础设施完善；依托银河现代农业示范基地、油茶产业发展等十大项目推进农业产业化；依托萍乡市奥林匹克体育中心、安源大剧院等十大项目推进社会事业进步。

（6）三个新亮点

以行政中心建设为切入点，加快新城区开发建设步伐；以田中湿地公园为核心的萍水河流域治理，拉开城市"北扩"框架；以中环路建设为切入点，打通环城路，加快城市"南延"发展步伐。

（7）四种能力

一是坚持开拓进取，不断提高创造力。继续解放思想，推进管理创新，提高推动工作和驾驭工作、破解发展难题的能力。

二是坚持执政为民，不断提高服务力。扎实开展"创业创新服务年"活动，简化行政许可和审批手续；继续推进"五网六平台"建设，密切联系人民群众，积极为群众解难事、办实事、做好事。

三是坚持依法行政，不断提高公信力。坚持民主决策、科学决策、依法决策，推进行政执法责任制，规范执法行为；认真落实党风廉政建设责任制，推进反腐倡廉工作。

四是坚持改进作风，不断提高执行力。不断增强政府对社会的管理能力，实行精细化管理；把健全制度作为提高执行力的基础，用制度管人、制权、理事；大力倡导"少说、勤做、实干"

的作风,把抓好落实作为提高执行力的关键,提高各级各部门顾大局、重执行、讲效率的自觉性和主动性。

(8) 五网六平台

"五网六平台"规划建设具有重大战略意义,是城市转型、经济社会发展的需要,更是萍城百姓长期受益的需要。五网具体指水、电、路(城市交通)、气、通信。六平台具体指科研、中介、融资(企业、城建)、物流、政务、外向经济。

通过以上转型实践,萍乡建立了经济转型特色产业园(基地),已经建成了萍乡经济开发区、芦溪工业园、莲花工业园三个工业园和湘东陶瓷产业基地、上栗动漫产业基地和安源冶金机械产业基地三个产业基地。2008年,全市六个工业园(产业基地)已投资企业382户,完成工业增加值83.8亿元,安排从业人员60432人。同时,探索性建立了资源开发补偿机制,即2009年3月1日开始按照每吨煤炭5元的标准,针对煤炭开采企业开征可持续发展专项资金。

萍乡市以调整产业结构为核心,狠抓项目建设,加强生态建设和环境保护,着力保障和改善民生,在加快经济发展方式转变中推动城市转型和科学发展。[1]

首先,加快产业结构调整。一是改造并提升传统产业。通过建立科技研发中心和引进科技创新人才等措施,改造并提升"黑(煤炭)白(陶瓷)灰(水泥)红(花炮)金(冶金)"等五大传统产业:要求煤炭产业着重开展深加工,引导陶瓷产业

---

[1] 陈卫民:《在加快转变发展方式中推动城市转型》,《人民日报》(理论版)2010年5月27日。

走高端产品、创新技术、高效经济的路子，推动水泥产业由立窑改成旋窑并加快整合、上大压小，促使花炮产业引进先进自动化技术，鼓励冶金产业加大技术改造和管理创新的力度。2011年，全市煤炭（煤化工）、冶金、机械、建材、医药食品五大支柱行业完成增加值224.77亿元，占规模以上工业增加值的86.2%，增长20.7%，对规模以上工业的贡献率达85%，传统优势产业在转型中得到快速提升。二是发展新兴产业及接续替代产业。注重培育以新材料、新能源、生物医药、先进装备制造、现代服务业为代表的五大战略性新兴产业，着力发展冶金、机械电子、煤炭及煤炭综合利用、能源及新能源、非金属矿物制品及新材料、花炮、生物医药、现代服务业、生态文化旅游和现代农业等十大接续替代产业。2009年，十大接续替代产业完成工业增加值同比增长20.3%。三是优化新建项目。把优化新建项目作为转型发展的关键，坚持以"四个对接"（对接央企、民企、外企、科企）为抓手引进项目，以"一园两带"（"一园"即萍乡市转型经济特色产业园，"两带"即320国道产业带和319国道产业带）为载体建设项目，努力促成一批高质量、高效益的项目落户萍乡，为经济平稳较快发展提供强劲动力。

其次，加强生态建设和环境保护。萍乡市以创建国家园林城市为切入点，积极打造生态宜居城市。2011年以来，高标准新建和改造了9条城市景观大道，新建了4个城市公园，造林绿化面积达到73.53万亩，使全市城市绿地率达到45.29%，绿化覆盖率达到47.15%，人均公园绿地面积达到12.58平方米，森林覆盖率达到63.51%。同时，加强环境治理和节能减排工作，先后关停取缔各类排污企业70多家，改造建设清洁能源企业250

多家，拆除倒焰窑炉 472 座、烟囱 323 根，公交车逐步实现"油改气"，各县区均建起污水处理设施。城区的空气质量全年基本保持在优良状态，出境水质达到三类水标准。

最后，着力保障和改善民生。坚持把保障和改善民生、维护社会稳定作为重中之重，让转型成果惠及广大人民群众。2011 年，完成或超额完成省政府下达的八大类 96 项民生工程指标任务；全面推行政府安全管理、高危企业安全管理和社会综合安全管理三大工程，没有发生重大以上安全生产事故；深入开展县区主要领导大接访和群众贴心人活动，认真解决人民群众最直接、最关心、最现实的利益问题。通过采取这些措施，有效地提高了人民群众的生活质量和水平，促进了社会的和谐稳定。

第三节 萍乡市经济转型的特色研究

一 加强与央企对接

项目是发展的载体，是经济的引擎。没有大项目，增长就没有后劲，发展就没有依托。近年来，萍乡市提出了"四个对接"，即对接央企、对接外企、对接民企、对接科企抓项目，其中又把对接央企作为重中之重。

一是对接央企项目涉及的领域较广。目前，萍乡市已与国内 18 家大型央企建立了良性对接关系，其中 4 家央企位列世界 500 强，8 家为国内 500 强企业，所涉及的领域包括钢铁、有色金属、电力建材、金融等。

二是对接央企的质量明显提高。在对接的央企项目中，投资50亿元以上的项目有2个，投资10亿~50亿元的项目有2个。到2009年8月底，已有7家央企与萍乡对接项目7个，投资总额达200多亿元。

三是对接引进项目的进程加快。引进的央企项目中，奠基动工的2家，通过可行性研究报告和初步设计的1家，签订合作协议的4家，正在洽谈的1家。中信集团2009年8月与萍乡市人民政府签订了一系列合作协议，在萍乡设立中信银行二级分行，确定了3亿元的贷款授信和捐建安源大剧院事项。

四是对接的项目在萍乡城市转型中发挥的作用巨大。城市转型是萍乡发展的主战略，与央企合作的项目有力地推动了城市转型。如中材水泥有限公司兴建的大型新型干法水泥生产基地，4年内可形成年产高标号水泥400万吨以上的规模，实现年产值72亿元，创税9000万元，大大提升了萍乡水泥的层次。煤电铝循环经济一体化项目是萍乡作为全国20个循环经济试点城市的第一个项目，通过产能改造，运用萍乡丰富的煤矸石发电，再用煤矸石发的电支撑铝业的需要，形成煤、电、铝产业一体化，建成投产后，年产值将在200亿元以上。

二 发挥金融拉动效应

金融是现代经济的核心，也是经济发展的引擎。萍乡作为一个资源枯竭型城市，明确了"坚持科学发展，推进城市转型，实现赶超跨越"的主战略，以金融服务助力项目建设和经济发展。近三年来全市新增存贷款超过了之前57年的总量，增幅处于全省前列。2010年金融存贷款增速位于全省第四。为发挥金融助推经济发展的作用，萍乡市立足"三个切实"发挥金融的乘数拉动效应，有力推动了城市转型。

（一）重视金融引领城市转型的作用

为充分发挥金融对城市转型的拉动作用，萍乡市充分发挥金融工作"粘合剂""催化剂"和"稳定器"的作用，把金融作为配置社会资源的重要手段，作为调配经济命脉的供血系统，作为促进经济发展的强力抓手。

一是发挥金融提高转型生产力的"黏合剂"作用。萍乡依煤而立，因煤而兴，是典型的资源型城市。为推进城市转型，萍乡充分发挥货币资金流通手段的作用促进商品交易，按市场需求迅速黏合各生产要素，形成新的生产力。特别注重发挥各金融机构通过信贷资金引导和优化资源配置的作用，进一步促进传统产业改造提升，加快培育新型产业，以产业支撑促进经济发展。

二是发挥金融加速转型资金周转的"催化剂"作用。发挥金融机构的资金结算服务等作用，通过金融机构划拨转账或票据流通转让等非现金结算方式，加快企业资金周转，提高资金使用效益，促进全社会资金加速周转，推动转型顺利开展。

三是发挥金融调控转型的经济"杠杆"作用。金融是调控经济运行的重要杠杆，通过调控货币供应总量调节社会总需求，可使货币供应量与社会商品、劳务总供给保持平衡，稳定物价，促进经济的均衡增长。萍乡市金融部门在经济转型中结合中央货币政策，围绕全市经济发展战略，调控金融资金，引导社会资金流向，进一步加大了对十大接续替代产业的扶持力度，更有效地、有针对性地支持了转型经济的发展。

四是发挥金融安全的"稳定器"作用。城市转型过程中的困难、风险和矛盾是比较多的。随着金融业的迅速发展，巨额资金在国内外的迅速流动，金融业本身也存在较大风险。为此，萍乡市注重抓好金融安全和稳定，避免因金融风波处置不当，造成金融负功能的出现，影响经济正常运转，阻碍城市转型的步伐。

（二）提高金融效率，为萍乡城市转型提供强力支撑

金融是经济发展的助推器。萍乡市以提高金融效率为抓手，金融工作取得了新的突破，有效地降低了金融风险，优化了金融环境，主要表现为以下三个方面。

金融总量不断扩大，支持城市转型能力明显增强。一是各项存贷款呈快速增长之势。至2010年7月末，萍乡市银行业金融机构本外币各项存款余额达到361.37亿元，比2006年末增加188.66亿元，增长109.23%。各项本外币贷款余额达到209.61亿元，比2006年末增加108.81亿元，增长107.95%。二是异地银行来萍乡贷款快速增长。涌现了一大批中小企业黄金客户，吸引了多家异地银行来萍乡发放贷款。南昌的浦发银行、招商银行、交通银行，宁波的商业银行近三年来萍乡累计发放贷款71.77亿元，并呈现逐年快速递增之势。三是金融组织体系进一步完善。近三年来，先后吸引南昌银行、中信银行、赣州银行在萍乡设立分行，安源富民村镇银行已开业，湘东黄海银行即将开业，市农村商业银行顺利筹建。7个小额贷款公司组建成立，2012年3月末，已累计发放贷款25.46亿元。

金融生态不断好转，城市转型金融环境明显优化。一是金融政策支持力度不断加大。先后出台了《关于进一步优化我市金融生态环境有效破解中小企业融资难的实施意见》《关于加快资本市场发展的实施意见》《关于支持企业上市的实施办法》《关于加快推进企业上市步伐的通知》《萍乡市小额贷款公司试点暂行管理办法》《关于支持和鼓励引进金融机构的意见》《关于中小企业信用体系试验区建设的实施意见》等7个文件，转发了人民银行萍乡市中心支行出台的《关于金融支持萍乡市经济转型的指导意见》《2009年人民银行萍乡市中心支行货币信贷工作意见》《金融促进萍乡市新兴产业发展的指导意见》等文件，为中小企业发展和产业结构调整提供了金融方面的政策引导和支持。二是政银企三方合作不断密切，为扩大中小企业融资搭建平台。2007~2010年先后组织召开了5次银企融资洽谈会，银企签约金额达318.32亿元，履约率均达100%。三是金融生态环境不断好转。从开展信用县区建设、征集中小企业信用信息、制裁逃废银行债务行为等方面入手，加强金融生态环境建设。各级政府积极转变角色，从银行贷款和企业经营的直接干预者转为中介服务者，将改善金融生态环境、为银企融资搭建平台、提供优质服务视为自身的重要职责，企业信用不断提高。近三年全市没有发生一例逃废债务行为，中小企业贷款协议履约率为100%。

　　金融资金效率不断提高，城市转型步伐明显加快。金融是促进发展的重点和难点，资金总是有限的，因此萍乡市充分提高资金的利用效率，把资金投入到重点产业、新兴产业和把企业做大做强上。一是支持传统产业升级换代。在银行业金融机构的扶持下，萍乡市传统产业的升级换代步伐明显加快。水泥产业基本上完成了由机立窑到旋窑的升级，减少了环保问题；电瓷、工业瓷进行了煤改气，产品由低技术含量转向高端，实现了跨越发展；烟花鞭炮产业的生产经营由手工作坊向规模化、机械自动化发展，安全生产水平、经济效益和物流速度明显提高。二是支持中小企业做大做强。金融机构致力于扶持中小企业发展，专门成立了为中小企业服务的信贷营销机构，扩大了对中小企业的授权授信，简化了贷款流程，加大了信贷投放力度，扶持了一大批中小企业做大做强。据统计，全市规模以上企业由2006年的311户发展到目前的787户，三年多时间内增加了476户。三是支持城市基础设施建设。不论是对工业园区、城市道路建设，还是对水利基础设施、环保排污工程，银行业都投入了巨量资金。四是支持新兴产业落户萍乡。对新引进的一批大型新兴产业项目，银行业金融机构及时跟进，给予信贷扶持。中行支持的安源转型工业园区 LED 外延片项目、农行支持的三瑞科技玻璃绝缘子项目、农信社支持的中科光伏多晶硅项目等都取得了良好成效。这些项目投产后对萍乡的经济结构调整将发挥重要作用。

第四节　萍乡市产业转型的基本特点

一　萍乡市产业转型特点之一：退二进二

根据发展的实际情况选择，资源枯竭城市的产业转型主要有三种方式，即"退二进一""退二进二""退二进三"（见表4-1）。

表 4-1　资源枯竭型城市产业转型三种模式

模式	内容	条件	优点	实施障碍	典型城市
退二进一	发展现代农业	农业资源丰富	吸纳就业能力强	背离城市化,农产品市场待开拓	辽宁阜新、黑龙江伊春
		农业基础较好	资金需求少		
		资金与技术条件好	政策扶持较多		
退二进二	发展制造业	工业基础较好	资源依赖度低	资金需求大,见效周期长,资金与专业人才缺乏	辽宁盘锦、江西萍乡、黑龙江大庆
		招商引资便利	产业附加值高		
		基础设施完备	产业结构优化		
退二进三	发展第三产业	城市区位优势	资金需求少	市场竞争激烈,依赖第二产业,创业激励机制不完善	陕西铜川、山东邹城、黑龙江鸡西
		创业环境宽松	见效周期短		
		劳动力丰富	岗位技术要求低		

（一）"退二进一"，是指城市经济活动重心从资源产业向现代农业转变，以现代农业作为城市经济的主导和支柱产业。现代农业是以现代科技为基础，以市场化为目标，以规模经济为条件，集生产、加工、销售、服务于一体的经济和生态等多功能并存的高新技术农业。与传统农业不同，现代农业的本质是将高新技术应用于农业，使农业生产方式实现工业化，摆脱自然环境的影响，并向农产品深加工、生物化工、能源、环保、物流、服务等相关产业扩展。与传统农业相比，现代农业创造利润的能力和吸纳劳动力就业的能力都大大增强，具有良好的发展前景。

（二）"退二进二"，即城市经济活动重心从资源产业向第二产业中的其他产业转变，例如高新技术产业。资源城市往往有为资源产业服务的配套和加工工业以及相当大的实力和市场，可以在资源枯竭后经过高新技术的提升和改造，带来新的生命力和活力，成为具有竞争力的产业。但是这样的转型途径需求的资金规模往往也最大，建成见效的周期比较长，并且需要大量的技术和经验丰富的人才，因此适宜工业基础好的城市。

（三）"退二进三"，是指城市经济活动的重心从资源产业转向服务业、商贸业、旅游等第三产业。例如，德国鲁尔区大力发展旅游业，将矿山和矿井改造成国家地质公园，向社会公众开放，获得了极好的社会效益和经济效益。由于第三产业在经济结构中的比例偏低，因此可以拓展的空间很大，加上第三产业见效快，吸纳劳动力就业能力强，发展潜力大，符合可持续发展战略的要求，因此许多资源城市选择以第三产业作为产业转型的方向。例如，陕西省铜川市突出发展第三产业，建设城市新区，使新区成为金融、商业、科教、信息中心。

在产业转型实践过程中，萍乡市选择了"退二进二"的转型途径，依据主要是萍乡市的交通便利、工业基础较好、基础设施完备等条件。

萍乡市位于江西省西部，地处湘赣边界，地形以丘陵为主，山地和平原次之，属赣西丘陵地形区，气候较好。萍乡市有优越的区位地理条件，系华东地区和中南地区的结合部，北有南昌—九江经济区，南有赣州经济区，处于长株潭城市群的辐射核心区域，同时接受长三角、泛珠三角经济区和闽东南经济区的辐射，沪昆铁路横穿市内腹地与京广、京九两大动脉相连，319国道和320国道呈十字形在市区交会通过，沪瑞高速和杭南长城际高速客运铁路从萍乡经过。良好的交通条件为工业的发展提供了支持，使萍乡市的产业基础优势得以发挥，在长期的发展过程中萍乡市形成了以煤炭产业为主导，同时带动冶金、机械制造、化工、建材、生物制药、陶瓷和花炮等产业共同发展的产业格局，工业配套设施齐全。由于这些天然的优势，萍乡市选择"退二进二"具有历史性和必然性，其实践过程充分体现了这一点。

表4-2中，萍乡市第二产业的比例由2001年的55.8%上升到了2008年的62.7%，其中工业由2001年的51.8%上升到了2008年的58.0%。相比之下，第一产业和第三产业占国民经济的比例都有明显下降趋势，第一产业和第三产业在2001~2008年期间分别下降了4.7个百分点和2.2个百分点。可见近年来萍乡市的经济增长趋势主要在第二产业中实现。

表4-2 主要年份国民经济主要比例关系

单位：%

年份 产业	2001	2005	2006	2007	2008
合计	100.0	100.0	100.0	100.0	100.0
第一产业	13.2	11.3	9.9	9.1	8.5
第二产业	55.8	57.7	59.6	61.1	62.7
工业	51.8	52.9	54.6	56.5	58.0
建筑业	4.0	4.8	5.0	4.6	4.7
第三产业	31.0	31.0	30.5	29.8	28.8

资料来源：《萍乡统计年鉴2009》，萍乡市统计局编。

固定资产投资反映了一定时期内政府的政策趋向和地区内经济自我调整的趋向。萍乡市"退二进二"的趋势在其城镇固定资产投资中也可以反映出来。从绝对值上讲，表4-3中第二产业固定资产增长趋势较快，2005年第二产业固定资产投资仅为50.5815亿元，2008年上升为227.1632亿元，2008年比2007年增长了125.1%；第三产业在2005年投资总量超过第二产业，但增长趋势缓慢。从相对值上讲，剔除经济增长和通货膨胀因素后第二产业与其他产业相比较，固定资产投资呈迅速增加的趋势，从2005年到2008年，上升了27.1个百分点，第三产业投资比重下降，第一产业投资比重总体偏低（见表4-4）。

表4-3 萍乡市城镇固定资产投资（2005~2008年）

单位：万元，%

产业\年份	2005	2006	2007	2008	2008年比2007年增长
第一产业	8748	20310	35680	42391	18.8
第二产业	505815	609065	1009260	2271632	125.1
第三产业	621785	677106	837845	858022	2.4

资料来源：《萍乡统计年鉴2009》，萍乡市统计局编。

表4-4 城镇固定资产投资构成（2005~2008年）

单位：%

产业\年份	2005	2006	2007	2008
第一产业	0.8	1.6	1.9	1.3
第二产业	44.5	46.6	53.6	71.6
第三产业	54.7	51.8	44.5	27.0
合计	100.0	100.0	100.0	100.0

资料来源：《萍乡统计年鉴2009》，萍乡市统计局编。

二 萍乡市产业转型特点之二：由一到多

萍乡市的传统产业属于单一的"一轨制"产业体系，其中以五大传统产业"黑、白、灰、红、金"即煤炭、陶瓷、水泥、花炮、冶金为支柱产业的产业群长期居于优势地位，工业结构处于主要生产原材料和初级产品的工业发展阶段。近年来萍乡市积极发展光伏、机械制造、建材及新材料、冶金、电子信息、生物制药、生态文化旅游和农产品加工等接续替代产业。每个接续替代产业确定一到两个龙头企业或项目。传统优势产业得到改造提升，新型产业不断发展。例如，萍乡矿业集团积极发展汽车制造、玻璃、工程管道等产业，承接海外工程，进军国际市场，使煤炭产业的地位逐步下降。另外，萍乡市通过设立工业发展平台，吸纳民间资本参与，大力发展多元化的非煤产业的园区经济。园区经济集中了全市工业总量的2/3，非煤产业集中在园区发展，促进了产业联合趋势的形成。

三 萍乡市产业转型特点之三：由封闭到开放

萍乡市自身致力于发展外向型经济。随着宏观经济环境的变化和市场化程度的提高，城市要进一步发展，就要解决许多制约经济发展且自身无法解决的问题。这只能依靠发展外向型经济。由以前的计划体制、封闭型经济，到如今积极与外部经济实行对接，是产业转型的必然趋势。萍乡市实行了区域内产业与区域外产业的对接，例如，加强与长株潭地区的装备制造、电子信息、新材料、钢铁有色、生物制药、食品加工等产业的对接，建立产业对接项目库，确定了萍乡产业在长株潭产业体系和相关产业链条中的位置；实行体制对接，重点是国企改革，建立现代企业制度；推进环境对接，改进基础设施和公用设施，提升对外招商引资的能力，吸引国内和国际资本流入；实行观念对接，改变百年矿城保守的传统观念和思维习惯，鼓励人们接受新思想，学习新理论。

第五章　萍乡市经济转型的实证分析

第一节　经济转型的评价标准

一　构建经济转型评价标准的基本思路

资源产业的发展过度消耗了资源型城市宝贵的不可再生资源，挤占了当地其他行业的发展空间。判断资源型城市转型与否可以从两个层面进行。

（1）是否实现了可持续发展：即三次产业结构是否趋于合理，第三产业是否获得较大发展；是否找到合适的接续产业，形成了合理的产业链；接续产业发展所需的资源是否能得到充足的保证；是否有助于推动人力资本的存量增加和配置优化；各项经济、社会考核指标是否不低于全国（或所在区域）平均水平。

（2）是否实现了和谐发展：即是否使城市环境问题得到治理；是否妥善解决社会保障、安全生产、人员就业和下岗失业人员的安置等民生问题；是否建成服务型城市，实现社会和谐。

资源型城市的经济转型主要是指其结构性转换，即从主要依赖耗竭性资源生存和发展的经济结构，转向依赖非耗竭性资源生存和发展的经济结构。转型的根本目的在于使城市原有的依赖本地自然资源基础发展起来的产业结构得到调整，使人民生活水平得到提高，使资源开发破坏的环境得到改善，使城市的整体竞争能力得到加强，最终实现城市的可持续发展。

资源型城市的经济转型是实现城市的可持续发展，使城市经济发展、社会进步、生态环境保护、资源利用四者保持高度和谐的过程。资源型城市经济转型追求经济—创新—资源—环境—社会复合系统相互协调的发展模式。所以，用任何一个单项指标都难以对转型绩效进行全面、科学的评价。基于此，在对资源型城市进行科学评价时，必须把若干相互联系、相互制约的各个孤立的指标联系起来，组成科学完整的评价体系，以评价资源型城市经济转型效果。这样不但可以随时监测转型过程，而且可以使决策者和公众了解转型的效果，进而明确城市今后采取的发展策略。

二 资源型城市经济转型绩效评价指标体系的构建

要达到资源型城市可持续发展的目标，就要使城市经济得到发展，资源得到合理利用，生态环境得到治理和保护，社会实现全面进步。也就是说资源型城市经济转型的根本目的在于这四个方面协调稳定地发展。以此为依据，考察资源型城市经济转型效果时，用任何一个单项指标都难以对转型绩效做出全面、科学的结论，而必须用一个科学和谐的评价体系将若干相互联系但又相互制约的各个孤立单独的指标联系起来。使用这一评价体系可以方便地考察转型过程，让公众了解转型的效果，扬长避短，根据实际情况做出必要的调整，达成共识，对城市未来的发展方向有清晰的了解。

可持续发展是资源型城市经济转型的根本目的，经济—创新—资源—环境—社会复合系统内五大子系统间的协调状态是资源型城市转型绩效评价的指标体系所要反映的。体现出资源型城市的特征是指标体系的必然要求，既要有对经济转型的主观感受，也要有客观评价标准。

本书认为，指标体系要体现出资源型城市的特征，要避免过多的主观评价，须包含基于各项经济、社会发展情况的客观评价。这套评价体系主要涉及以下几个方面的内容。

（1）经济发展：经济发展的规模和质量可以用官方统计数据反映，目的在于找出城市经济社会发展的变化规律。

（2）自主创新：依据新经济增长理论，区域长期经济增长的最终动力来自科技进步和创新能力，因此，主要从人力资本存量和创新成果两方面对城市的创新发展能力进行评价。

（3）资源节约：以所在省区（或全国）的平均水平为参照系，判断资源型城市主要资源的消耗、循环使用和开发利用程度。

（4）环境友好：用空气质量良好天数等环境指标和"三废"排放量等排放指标反映城市的自然生态环境容量和保护程度。

（5）社会和谐：用城市居民生活水平和就业水平等民生指标反映社会系统的运行状况。

基于上述理念,本研究以循环经济增长理论、公共经济理论以及可持续发展理论为指导,结合现代城市发展的趋势,建立了以转变经济发展方式为主导的资源型城市发展转型评价指标体系,科学评价与分析城市发展转型的基本表现与实现程度。该指标体系由经济发展、自主创新、资源节约、环境友好、社会和谐五个分类指标构成,具体包括 5 个一级指标,11 个二级指标,53 个三级指标(详见表 5–1)。

表 5–1 资源型城市发展转型评价指标体系

一级指标	二级指标	三级指标
A 经济发展	A_1 经济增长	A_{11} 城市人均 GDP(元/人)
		A_{12} 城市人均 GDP 增长率(%)
		A_{13} 城市单位面积平均 GDP(万元/平方千米)
		A_{14} 固定资产投资中外资(含港澳台和外商投资)所占比重(%)
		A_{15} 财政总收入占 GDP 比重(%)
		A_{16} 财政总收入增长率(%)
		A_{17} 进出口总额占 GDP 比重(%)
		A_{18} 公路总里程(千米)
		A_{19} 城市单位面积平均道路面积(平方米/平方千米)
	A_2 结构转型	A_{21} 第二产业增加值占 GDP 比重(%)
		A_{22} 资源型产业占第二产业增加值比重(%)
		A_{23} 第三产业增加值占 GDP 比重(%)
		A_{24} 现代服务业增加值占第三产业比重(%)
		A_{25} 战略性新兴产业增加值占 GDP 比重(%)

续表

一级指标	二级指标	三级指标
B 自主创新	B_1 人力资本存量	B_{11} 大专以上受教育人口占总人口比重(%)
		B_{12} 拥有高中级技术职称的企业高管比重(%)
		B_{13} 接受过高等教育的员工比重(%)
	B_2 创新成果	B_{21} 全社会研发支出占 GDP 比重(%)
		B_{22} 每年发明专利授权数量(件)
		B_{23} 高新技术产业增加值占 GDP 比重(%)
		B_{24} 自主知识产权高新技术产品产值占 GDP 比重(%)
C 资源节约	C_1 资源存量	C_{11} 人口密度指数(人/平方千米)
		C_{12} 人均可耕地面积(公顷/人)
		C_{13} 主要资源可开采储量剩余年限(年)
	C_2 资源消耗	C_{21} 万元 GDP 能源消耗(吨标准煤/万元)
		C_{22} 万元 GDP 水资源消耗(立方米/万元)
	C_3 资源利用	C_{31} 工业废弃物处置利用率(%)
D 环境友好	D_1 环境指标	D_{11} 空气质量良好的天数(天/年)
		D_{12} 城市生活垃圾无害化处理率(%)
		D_{13} 污水排放治理达标率(%)
		D_{14} 城市绿地覆盖率(%)
		D_{15} 每万人拥有公共绿地面积(公顷)
	D_2 排放标准	D_{21} 万元 GDP 二氧化碳排放量(吨/万元)
		D_{22} 二氧化硫排放量(吨/年)
		D_{23} 工业废气排放量(立方米/年)
		D_{24} 工业废水排放量(吨/年)

续表

一级指标	二级指标	三级指标
E 社会和谐	E_1 城市生活	E_{11} 城镇居民人均可支配收入(元)
		E_{12} 农民人均纯收入(元)
		E_{13} 居民消费价格指数
		E_{14} 基尼系数
		E_{15} 城镇登记失业率(%)
		E_{16} 财政一般预算支出中教育拨款比重(%)
		E_{17} 女童就学率(%)
		E_{18} 每千人互联网用户数(个)
		E_{19} 人均公共图书馆图书藏量(本)
	E_2 社会保障	E_{21} 城镇职工基本养老保险参保率(%)
		E_{22} 城镇居民基本养老保险参保率(%)
		E_{23} 农村居民基本养老保险参保率(%)
		E_{24} 城镇职工医疗保险覆盖率(%)
		E_{25} 城镇居民医疗保险覆盖率(%)
		E_{26} 农村居民医疗保险覆盖率(%)
		E_{27} 每千人拥有病床数(张)
		E_{28} 每千人拥有医疗技术人员数(个)

下文以萍乡为例，说明其经济转型的效果评价（萍乡是全国首批资源枯竭转型试点城市）。由于人力、物力、财力和时间的限制，上述指标体系中的数据不能全部搜集到。因此，无法严格按照上述标准逐条计算比较，只能选取三次产业结构及其效益、经济发展绿色指数和单位 GDP 能耗等指标进行比较分析。

第二节　萍乡经济转型实证分析

一　经济数据直观图展示

据统计，2009 年萍乡全市实现生产总值 421.49 亿元，比上年增长 13.6%，人均生产总值 22685 元；固定资产投资 507.43 亿元，比上年增长 43.6%；财政总收入 46.94 亿元，比上年增长 13.6%；居民消费价格指数为 99.3；社会消费品零售额 133.64 亿元，比上年增长 19.4%；城镇居民人均可支配收入 14825 元，比上年增长 9.0%；农民人均纯收入 6343.95 元，比上年增长 8.0%。

根据 1998～2010 年的《萍乡市统计年鉴》《萍乡市国民经济和社会发展统计公报》和《江西统计年鉴》，我们整理出 1997～2009 年的 GDP、一产增加值（PIA）、二产增加值（SIA）、工业增加值（IA）、建筑业增加值（CA）、三产增加值（TIA）、货运总量（TFT）、客运总量（TPT）、固定资产投资总额（TIFA）、地方财政一般预算收入（GBR）、规模以上工业原煤消费量（RC）、居民消费价格指数（CPI）、消费品零售总额（TRS）、城镇居民人均可支配收入（DIUH）、农民人均纯收入（NIRH）、年末总人口（TP）、人口自然增长率（PNGR）和人均 GDP（PCGDP）等时间序列多元数据（见表 5-2）。

为便于观察，采用图示法能够更直观地反映数据的变化趋势。这里采用极差正规化方法，对表5-2中18项经济指标进行变换后，将每列的最大数据变为1，最小数据变为0，其余数据取值为0~1，经过软件运行处理，做出图5-1。这种图是由集美大学的丁跃潮教授推出的，称为"纵向直观图"。纵向直观图适用于各栏目单位不一或数据的数量级差异大的情形。由于数据经过极差正规化处理，图中椭圆面积的大小可以粗略反映数量的大小。但由于是按列进行极差正规化，横向数量关系被打乱，所以图5-1中横向上的数量关系被扭曲，因此没有对比的意义。

由图5-1可以直观地看出：大部分指标，包括GDP（及三次产业各自的增加值）、固定资产投资总额、地方财政一般预算收入、消费品零售总额、城镇居民人均可支配收入、农民人均纯收入、年末总人口数和人均GDP都呈现逐年递增的趋势。人口自然增长率自20世纪90年代后期以来逐年递减，2004年达到最低值，之后在小范围内波动。所有这些表明，萍乡的经济和社会发展取得了较大成绩。这应归因于市政府近年来采取的一系列政策措施。

我们还可以用第一、第二、第三产业增量与国内生产总值增量之比比较各次产业的贡献率。在计算各产业贡献率时应剔除通货膨胀因素，即物价水平的变动。分子、分母可以用可比价格的增量计算。由于无法获得不变价格的数据，这里暂利用统计年鉴中当年价格的增加值，近似计算得到历年各产业的贡献率（见表5-3）。从中可以看出：GDP的增长很大程度上是由第二产业（尤其是工业）的发展推动的。

表 5-2　萍乡市的 18 项经济指标（1997~2010）

年份	GDP	PIA	SIA	IA	CA	TIA	TFT	TPT	TIFA
1997	745508	129735	390100	367300	22800	225673	1991	2649	108600
1998	839792	136609	444240	420830	23410	258943	1805	2605	130000
1999	919901	138347	499358	474968	24390	282196	1718	2692	86845
2000	995636	143439	540615	508023	32592	311582	1849	2849	109701
2001	1084502	147679	594662	556812	37850	342161	1908	2972	182884
2002	1204051	152520	675179	631053	44126	376352	2174	3153	224883
2003	1428645	160352	839540	782971	56569	428753	2326	3091	548306
2004	1909257	240067	1081034	991307	89727	588156	3414	2757	959047
2005	2280989	256872	1317050	1207170	109880	707067	3590	3929	1259738
2006	2654942	262352	1583533	1450552	132981	809057	2704	4024.33	1447814
2007	3162760	287285	1932789	1787216	145573	942686	3091	4092.1	2093314
2008	3885709	329568	2429134	2248934	180200	1127007	3754	4568.9	3533316
2009	4214862	368457	2597993	2386000	211993	1248412	4006	4873	5019621
2010	5203900	423240	3294608	3027065	267543	1486052	?	?	6636946

续表

年份	GBR	RC	CPI	TRS	DIUH	NIRH	TP	PNGR	PCGDP
1997	32822	3015023	101.6	267153	4082	2244.13	1757925	9.69	4262
1998	37513	3001227	101	290200	4302	2350	1773445	8.79	4756
1999	41513	2438313	99	316318	4673	2404.04	1787974	8.16	5166
2000	45221	2460709	101.4	347977	4801	2435.13	1761093	7.8	5676
2001	52182	2163334	100.2	383159	5516	2471.5	1774901	7.81	6134
2002	54317	2237307	99.4	418526	6361	2557.8	1788445	7.58	6758
2003	73731	2127433	101.2	469899	7130	2686	1800240	7.3	7962
2004	94713	3591943	103.2	546040	7858	3322.19	1810932	7.06	10574
2005	119153	3938891	102	661116	8973	3922.52	1821483	7.2	12559
2006	140546	6441429	101.4	767556	10095	4397.19	1829248	7.18	14544
2007	180296	7939782	104.2	901495	11753	5053.23	1839671	7.19	17240
2008	234288	9545907	105.7	1119230	13597	5871.85	1851631	7.29	21053
2009	273057	7366387	99.3	1336380	14825	6343.95	1864278	7.37	22685
2010	866977	8631110	103.2	1590614	16381	7219.10	1856019	7.32	28106

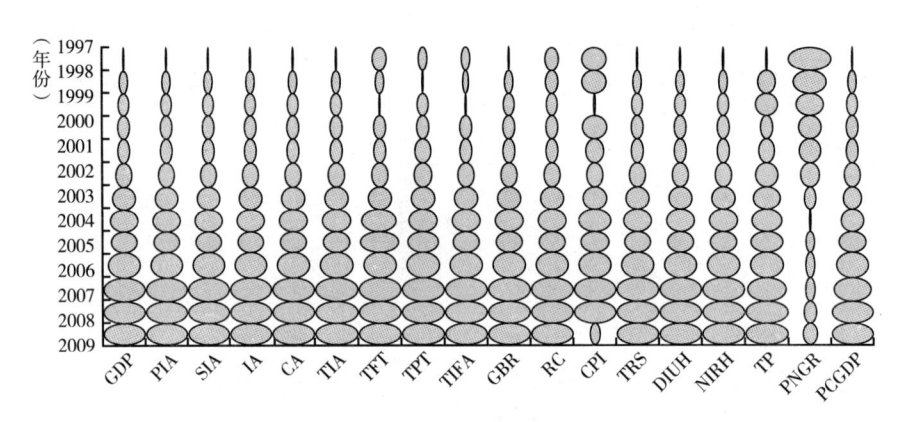

图 5-1 用纵向直观图展示萍乡的经济社会发展现状

表 5-3 萍乡市三次产业贡献率 (2000~2010)

单位：%

年份	国内生产总值	第一产业	第二产业	#工业	第三产业
2000	100	6.72	54.48	43.65	38.80
2001	100	4.77	60.82	54.90	34.41
2002	100	4.05	67.35	62.10	28.60
2003	100	3.49	73.18	67.64	23.33
2004	100	16.59	50.25	43.35	33.17
2005	100	4.52	63.49	58.07	31.99
2006	100	1.47	71.26	65.08	27.27
2007	100	4.91	68.78	66.30	26.31
2008	100	5.85	68.66	63.87	25.50
2009	100	11.81	51.30	41.64	36.88
2010	100	5.54	70.43	64.82	24.03

二 三次产业结构分析

（一）产业结构调整的一般模式

三次产业结构的均衡发展，是实现可持续发展的重要一环。

经验表明，产业结构演变通常会随着经济的发展经过三个阶段：第一阶段（产业发展的初级阶段），在国民经济中占主导地位的是第一产业，社会经济发展以农业为主，工业和服务业均不发达，产业结构呈现"一二三"或"一三二"型；第二阶段（产业发展的中级阶段），第二产业占GDP的比重超过第一产业，在国民经济中所占的份额不断上升，工业化不断发展，工业引领着国民经济发展的方向，产业结构呈现"二一三"或"二三一"型；第三阶段（产业发展的高级阶段），产业结构呈现"三二一"型，服务业占GDP的比重超过第一产业和第二产业，流通和服务两大部门取代工业成为国民经济发展的主导力量。

表5-4列出了几位著名学者提出的中低收入阶段经济体的三次产业结构的一般模式。

表5-4 三次产业结构变动的一般模式

单位：%

	库兹涅茨模式			钱埃西模式[1]			赛钱模式[2]		
	人均GDP（1958年美元）			人均GDP（1964年美元）			人均GDP（1980年美元）		
	300	500	1000	300	600	1000	300	500	1000
第一产业	26.5	19.4	10.9	30.4	21.8	18.6	39.4	31.9	22.8
第二产业	36.9	42.5	48.4	23.1	29.0	31.4	28.2	33.4	39.2
第三产业	36.6	38.1	40.7	46.5	49.2	50.0	32.4	34.6	37.9

注：1 指钱纳里（Chenery）、埃尔金顿（Elkington）和西姆斯（Sims）模式。
2 指赛尔奎因（Syrquin）和钱纳里（Chenery）模式。

（二）萍乡市的三次产业结构

从历年《萍乡统计年鉴》中可搜到萍乡市1997~2009年地区生产总值及三次产业增加值的数据，列于表5-5。

表 5-5 1997~2010 年萍乡全市生产总值及三次产业增加值（当年价）

单位：万元

年份	GDP	I	II	III
1997	745508	129735	390100	225673
1998	839792	136609	444240	258943
1999	919901	138347	499358	282196
2000	995636	143439	540615	311582
2001	1084502	147679	594662	342161
2002	1204051	152520	675179	376352
2003	1428645	160352	839540	428753
2004	1909257	240067	1081034	588156
2005	2280989	256872	1317050	707067
2006	2654942	262352	1583533	809057
2007	3162760	287285	1932789	942686
2008	3885709	329568	2429134	1127007
2009	4214862	368457	2597993	1248412
2010	5203900	423240	3294608	1486052

按表 5-5 中数据算出的三次产业比重如表 5-6 所示。

表 5-6 萍乡市的三次产业结构

单位：%

年份	I/GDP	II/GDP	III/GDP
1997	17.40	52.33	30.27
1998	16.27	52.90	30.83
1999	15.04	54.28	30.68
2000	14.41	54.30	31.29
2001	13.62	54.83	31.55
2002	12.67	56.08	31.26

续表

年份	Ⅰ/GDP	Ⅱ/GDP	Ⅲ/GDP
2003	11.22	58.76	30.01
2004	12.57	56.62	30.81
2005	11.26	57.74	31.00
2006	9.88	59.64	30.47
2007	9.08	61.11	29.81
2008	8.48	62.51	29.00
2009	8.74	61.64	29.62
2010	8.13	63.31	28.56

近年来萍乡全市生产总值的变化见图5-2。其中，生产总值、一产增加值、二产增加值和三产增加值取其英文缩写，依次命名为GDP、PIA、SIA和TIA。

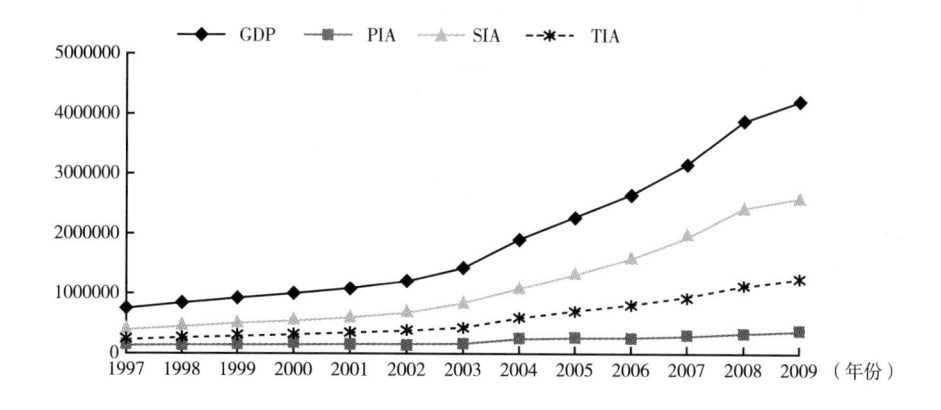

图5-2 萍乡全市生产总值及三次产业增加值（1997~2009）

近年来萍乡市三次产业结构的变化见图5-3。其中，三次产业结构分别取其英文缩写依次命名为PIAP、SIAP和TIAP。

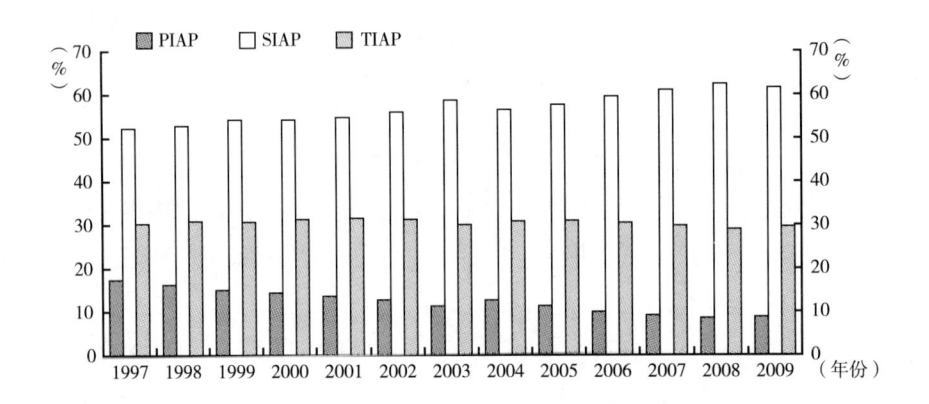

图 5-3　萍乡市三次产业结构的变化（1997~2009）

（三）萍乡市的轻重产业结构

从第一个五年计划开始，我国就确立了优先发展重工业的战略。重工业通常以能源、原材料工业为主，以采选业和初加工业为首，在工业总产值中占了非常大的比重。这种不合理的产业结构对合理利用资源和配置生产力产生了不利影响，直接形成了城市经济对资源的严重依赖。进入21世纪以来，经济形势急剧变化，科技发展日新月异，但资源型城市产业结构转型慢，面对市场需求的变化无能为力。这也是大多数资源型城市普遍面临的困境。

根据2006~2010年的"萍乡市国民经济和社会发展统计公报"中对萍乡规模以上企业工业增加值的统计，可获得轻工业增加值和重工业增加值的相关资料，列于表5-7中。2010年规模以上企业轻重产业工业增加值的对比情况见图5-4。

表 5-7　萍乡市轻重产业结构的变化（2006~2010）

年份	项目	增加值（亿元）	比上年增长（%）	轻工业:重工业
2006	规模以上工业	80.0042	24.1	1:14.16
	其中:轻工业	5.2769	47.3	
	重工业	74.7273	22.8	
2007	规模以上工业	120.72	30.8	1:13.09
	其中:轻工业	8.57	30.7	
	重工业	112.15	30.8	
2008	规模以上工业	172.70	26.55	1:11.72
	其中:轻工业	13.58	56.36	
	重工业	159.12	24.44	
2009	规模以上工业	177.68	21.2	1:9.21
	其中:轻工业	17.41	38.0	
	重工业	160.27	19.7	
2010	规模以上工业	227.90	22.4	1:8.41
	其中:轻工业	24.22	28.4	
	重工业	203.69	21.7	

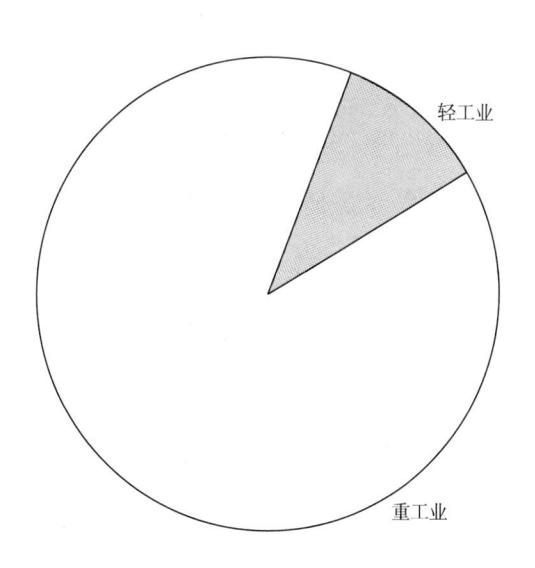

图 5-4　萍乡市 2010 年规模以上企业轻重产业工业增加值对比图

根据历年《萍乡统计年鉴》及"萍乡市国民经济和社会发展统计公报"中的统计数据分析,并与前文三次产业结构变动的一般模式相比,可以判断萍乡市的产业结构发展有以下特点。

一是处于产业发展的中级阶段,逐步向产业发展的高级阶段过渡。第二产业(特别是工业)增加值比重过大,远高于第一产业和第三产业增加值,即前文提到"二一三"型或"二三一"型,属于产业发展的中级阶段。而且,通过图5-2可以看出,1997~2009年,第三产业的增加值在逐年提高。随着产业转型的发展,萍乡市将逐步向产业发展的高级阶段——"三二一"型过渡。

二是产业结构逐步合理。近年来轻工业增加值的增长速度很快,与重工业的相对差距也在缩小。例如,2006年轻工业与重工业之比为1∶14.16,到2010年比值为1∶8.41。可以看出,通过产业转型,萍乡市的轻工业比重有了明显的增长。

三 经济发展绿色评价

北京工商大学世界经济研究中心主任、遂宁绿色经济研究院(SAGE)院长季铸教授从绿色经济理念和立体资源环境角度出发,采用资源环境效率法全面科学地测量了中国绿色GDP状况,系统分析了中国经济增长过程中的资源环境状况。[①]

遂宁绿色经济研究院每年定期发布《中国300个省市区绿色GDP指数报告》。报告中的"绿色GDP",实质上是指尽可能减

---

① 季铸等:《中国300个省市绿色GDP指数报告(CGGDP)》,http://a4019409.site.hichina.com/_d270248736.htm。

少资源环境消耗，提高资源环境效率，实现经济的持续发展。报告采用"资源环境效率法"测量不同地区的绿色GDP。这种方法在逻辑上可使GDP永远保持正值，从而避免定义—逻辑冲突。该方法以北京作为基准城市（定义标准值为1）计算城市的绿色指数，以此标准比照不同地区，衡量其资源环境效率和经济增长质量，有针对性地改善其经济结构和生产方式。通过资源环境效率法统计绿色GDP，并运用"立体资源环境"的概念，认为大气资源和水资源的消耗污染是绿色GDP的主要影响因子。这种消耗污染既消耗地平线以上的大气资源，污染大气环境，又消耗地平线以下的水资源，污染水环境。在此基础上，以单位资源环境消耗创造的名义GDP测量资源环境效率，并通过对比分析，建立资源环境效率指标体系，进而计算出不同地区的GDP绿色指数。绿色指数数值越高，表明资源环境效率越高。

2009年10月29日北京工商大学经济学院世界经济研究中心与《中国贸易报》联合发布的《中国300个省市区绿色GDP指数报告》（CGGDPI 2009）表明，目前中国正逐渐向绿色经济战略转型，证据是绿色指标数值整体在增加。报告同时显示：中国生态农业、循环工业、服务产业发展滞后，因而具有非常好的发展潜力和空间。中国经济要想突破资源环境和市场过剩的双重瓶颈，必须大力发展绿色经济，实现社会又好又快地发展。

该报告以北京为基准城市，研究了273个城市。如果某城市的绿色指数为0.42，表明在北京可以创造100% GDP的单位资源环境，在该城市只能创造42%的GDP，58%的资源环境被浪费掉了。报告中深圳、北京、上海、广州、海口、青岛、温州、杭州、宁波、大连等城市排在绿色GDP总量前十。

报告研究的 273 个城市涉及国务院确定的 44 个资源枯竭城市中的 16 个。这 16 个资源枯竭城市在近三年《中国 300 个省市区绿色 GDP 指数报告》中的排名见表 5-8。

表 5-8 国务院公布的 16 个资源枯竭城市绿色经济发展状况对比

指标 城市	绿色 GDP 总量排序			绿色经济指数 排序（2009）	名义 GDP 总量 排序（2009）	资源环境效率 排序（2009）
	2007	2008	2009			
盘 锦	88	91	80	109	125	47
枣 庄	89	79	78	87	73	84
黄 石	97	155	138	130	164	125
焦 作	155	146	144	156	81	191
抚 顺	186	162	178	166	133	199
景德镇	189	184	197	200	228	167
铜 陵	201	193	201	210	220	180
铜 川	223	230	209	208	267	102
萍 乡	225	227	218	224	214	211
白 银	234	234	248	253	242	223
淮 北	247	251	249	252	226	240
白 山	262	265	264	262	234	263
阜 新	265	249	267	266	246	270
伊 春	266	267	268	269	256	266
七台河	268	269	269	268	265	262
石嘴山	270	270	270	272	251	269

从表 5-8 可以看出（各城市按 2007 年绿色 GDP 总量排序），在 273 个城市中，萍乡作为国家首批资源枯竭城市，在绿色 GDP 总量、绿色经济指数、名义 GDP 总量和资源环境效率等几个方面的排序位次相当。其中，萍乡市的绿色 GDP 总量 2009 年排名较 2007 年排名有一定提升，并且高于白银、淮北、白山、

阜新等地；萍乡市2009年绿色经济指数也高于白银、淮北、白山、阜新等地；2009年名义GDP总量排名较高，高于景德镇、铜陵等地。2010年，《中国300个省市区绿色GDP指数报告》更名为《中国300个省市绿色经济指数报告》（CCGEI 2010），计算方法基本保持不变，只是更加强调不同地区的绿色经济发展水平，而不是强调绿色GDP规模，从而引导不同地区向绿色经济转变。同时，报告按照"绿色经济+结构增长"的理论提出了绿色经济实现效率、和谐、持续发展的新思想、战略和路径。

四　产业结构及其效益分析

（一）比较研究对象的选择

产业结构及其效益分析一直是产业经济学的研究重点。产业结构的质量直接关系到资源配置效率和经济效益。合理的产业结构有利于三次产业的协调发展和资源的高效配置，实现产业经济效益与社会效益的最优化。本研究利用1997～2009年的时间序列数据，采用产业结构变化率、产业结构变动系数和偏离—份额指数，从不同角度对萍乡产业结构的效益进行实证分析，并与相关省市进行了比较。

本部分主要研究萍乡市的产业结构效益，并选择河南省焦作市、辽宁省本溪市和辽宁省大连市与之进行对比分析，以期为萍乡制定产业政策提供决策参考。

（1）焦作市：与萍乡同为中部地区典型煤炭城市。20世纪90年代末，焦作这座因矿而建、因煤而兴的资源城市不得不面临资源萎缩的残酷现实。该市从20世纪90年代开始发展旅游业，如今在全国118个资源型城市中率先成功实现了转型，以云台山为代表的焦作山水已经成为中国旅游的知名品牌，赢得国内外的普遍认同和赞誉。

（2）本溪市：属于煤铁资源型城市。作为东北一个典型的资源型城市，辽宁省的本溪市曾为全国供应煤炭。煤挖没了，当地特色的钢铁产业接过接力棒，诞生了本溪钢铁等一批名企。在铁矿资源还未利用完之前，本溪市未雨绸缪，早在2006年6月，就决定发展包括现代医药产业在内的"三大接续产业"。在2008年，该市提出打造"中国药都"的口号。目前药都建设已经进入批量收获、高速发展的新阶段。本溪有史以来只吃钢铁饭的产业结构得到有效调整。

（3）大连市：大连位于辽东半岛最南端，是中国北方乃至东北亚重要的交通枢纽。作为我国老重工业城市，早在20世纪90年代，大连市就围绕环境保护与建设做了大量艰苦细致的工作。他们对产业结构和工业布局进行了大规模调整，将污染企业关闭或搬出市中心，逐步转型为中国重要的港口、贸易、工业、旅游城市。2001年，联合国环境规划署向全世界发布"全球环境500佳"城市名单，大连市榜上有名，成为中国第一个被联合国环境规划署授予"全球环境500佳"的城市。在由中央电视台经济频道推出的"城市中国系列活动"中，大连名列10个"2004 CCTV中国最具经济活力城市"之一。在前文提到的《中国300个省市区绿色GDP指数报告》（CGGDPI 2009）中，大连的绿色GDP总量排在前十名。

从表5-9中萍乡、焦作、本溪和大连1995~2009年产业结构调整的比较可以看出，经过15年的努力，虽然三次产业增加值得到大幅增长，这4个城市的产业结构依然呈现为"二三一"

型：第一产业比重明显下降，第三产业比重略有波动，大体上保持不变，第二产业比重（除萍乡持续上升外）均表现为先降后升。也就是说，它们都还是属于产业发展的中级阶段。尽管都属于中级阶段，但这4个城市之间还是存在差异性。萍乡和焦作的第三产业比重远小于本溪和大连。上文已提到，第三产业占GDP的比重超过第一产业和第二产业，属于产业发展的高级阶段。大连最接近于这一状态，第三产业比重略小于第二产业。从这种粗略的比较可以看出，大连优于萍乡、焦作和本溪三市的产业结构。

表5-9 四市及所在三省1995~2009年三次产业所占比重情况

单位：%

地区	第一产业				第二产业				第三产业			
	1995	2000	2005	2009	1995	2000	2005	2009	1995	2000	2005	2009
萍乡	19.9	14.4	11.3	8.7	50.9	54.3	57.7	61.6	29.2	31.3	31.0	29.6
焦作	17.2	17.2	10.0	8.0	57.0	49.3	62.0	67.3	25.8	33.4	28.0	24.7
本溪	6.4	8.6	6.4	5.6	62.3	51.7	59.2	59.5	31.2	39.7	34.4	34.9
大连	11.5	10.5	8.5	7.2	46.2	43.7	46.5	48.9	42.3	45.8	44.9	43.9
江西	32.0	24.2	17.9	14.4	34.5	35.0	47.3	51.2	33.5	40.8	34.8	34.4
河南	25.5	23.0	17.9	14.2	46.7	45.4	52.1	56.5	27.8	31.6	30.0	29.3
辽宁	14.0	10.8	11.0	9.3	49.8	50.2	48.1	52.0	36.2	39.0	41.0	38.7

（二）产业结构变化率

产业结构的变化情况可用产业结构变化率来表示。其计算公式如下：

$$k = \sum_{i=1}^{n} | q_{i1} - q_{i0} |$$

其中，k 为产业结构的变化率。

q_{i0} 和 q_{i1} 分别为基期和报告期第 i 产业产值占总产值的比重。

n 为产业数（这里有三次产业，即 n 取3）。

k 值表示产业变动速度，数值越大说明该产业变动速度越大，变动的幅度越大，反之就越小。

下面将以1998年为基期，以1999~2010年分别作为报告期，对萍乡市和焦作市的产业结构变动系数进行核算。选择焦作是因为焦作也是中部地区典型的煤炭城市，而且是国家首批资源枯竭城市。同时本书还将与江西省、河南省以及全国平均水平做比较（见图5-5）。图5-5中的萍乡市、焦作市、江西省、河南省和全国平均依次命名为Pingxiang、Jiaozuo、Jiangxi、Henan和China。

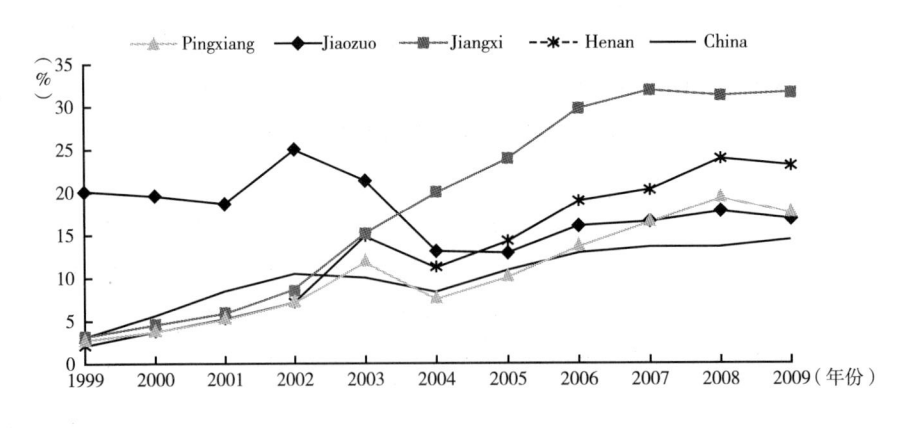

图 5-5　产业结构变化率比较（1999~2009）

由图5-5可以直观地看出：除焦作市一直高于全国平均水平外，萍乡市、江西省和河南省的产业结构变化率在2005年后均高于全国平均水平。焦作市的三次产业结构的变动速度明显高于全国平均水平，与所在省（河南省）的全省平均水平相差不多,而萍乡市在 2005 年后虽高于全国平均水平,但仍低于所属江西省的全省平均水平。

具体观察这近十余年的变化轨迹,还可看出,焦作市的产业结构发展速度变动较为平稳,而萍乡市的产业结构起初变动不大,自 2004 年开始加速,在 2008 年达到峰值。这说明虽然同为中部地区典型煤炭城市和国家首批资源枯竭城市,焦作市早在 1999 年就开始积极尝试产业结构调整(这也和焦作市从 1999 年起强力实施旅游带动战略一致),而萍乡市则是在国家出台对资源城市进行扶持的相关规划后才有明显的变化。

(三) 产业结构变动系数

衡量一个地区内部相关产业的增长速度与该地区整体发展速度的指标通常选用产业结构变动系数。其计算公式如下:

$$\lambda_i = \frac{1 + X_i}{1 + X_p}$$

其中,λ_i 为第 i 产业的结构变动系数。

X_i 为该地区第 i 产业的增长率。

X_p 为该地区的 GDP 增长率。

若 $\lambda_i < 1$,表明该地区第 i 产业的增长速度小于该地区 GDP 的增长速度。

若 $\lambda_i > 1$,表明该地区第 i 产业的增长速度大于该地区 GDP 的增长速度,意味着该产业已经成为或即将成为该地区的主导产业或潜在主导产业。

以 1997 年为基期,2009 年为报告期,按上述公式计算得到萍乡市和焦作市 2009 年三次产业的产业结构变动系数(见表 5-10)。

表 5-10　产业结构变动系数比较 (1997~2009)

城市	1997~2009			1997~2002			2003~2009		
	λ_1	λ_2	λ_3	λ_1	λ_2	λ_3	λ_1	λ_2	λ_3
萍乡	0.94	1.01	1.00	0.94	1.01	1.01	0.96	1.01	1.00
焦作	0.95	1.01	1.01	0.96	0.96	1.10	0.94	1.04	0.94

从表 5-10 可以看出：

(1) 在近十余年的经济发展历程中，萍乡市和焦作市的第一产业的增长速度总体上慢于城市 GDP 的增长速度，而第二、第三产业与经济发展基本同步。

(2) 1997~2002 年，萍乡市的第一产业增长速度小于城市 GDP 的增长速度，而第二产业和第三产业则略高于城市经济的增长速度；焦作市的第一、第二产业的增长速度均小于城市经济的增长速度，发展最快的是第三产业。

(3) 而 2003~2009 年，萍乡市的第一产业增长速度依然比城市经济的增长速度要稍慢一些，第二产业则继续领先于城市经济的增长速度，而第三产业稍低于城市经济的增长速度；焦作市的第一产业和第三产业均滞后于城市经济的增长速度，引导城市经济增长的仍然是第二产业。

(四) 产业结构偏离—份额分析

学者 J. H. Jones 在 1940 年首次使用偏离—份额分析法 (Shift-Share Method，缩写为 SSM)。后继研究者有 E. S. Dunn、Perloff、Lampard、Muth 等。他们在 20 世纪 60 年代相继提出 SSM。如今被普遍接受的形式是 Dunn 于 20 世纪 80 年代初总结形成的。与其他方法相比，SSM 具有较强的综合性和动态性，能有效地分析区域与城市产业结构变化的原因,进而找出区域经济发展的差距,调整未来经济发展的主导产业,因而在国内外区域与城市经济结构的分析中得到了广泛的应用。

(1) 基本原理:SSM 是将所研究区域的经济变化看做一个动态过程,以该区域所在的更大区域(或国家)的经济发展作为参照系,将区域自身经济总量在某一时期的变动分解为份额分量、结构偏离分量和竞争力偏离分量(记为 D_{ij})三个分量。其中,份额分量 N_{ij} 是指区域 i 的 j 产业部门如果在基期与所在大区的国内生产总值同比例增长,到报告期应增加的量。结构偏离分量 P_{ij} 是指区域 i 的第 j 产业部门在假定按所在大区相应产业部门的相同比例增长的情况下所能达到的总量,与其按所在大区整体相同比例增长的情况下所能达到的总量之差。此值愈大,说明部门产业结构对经济总量增长的贡献愈大。竞争力偏离分量 D_{ij} 指区域 i 的第 j 产业部门在报告期实际达到的经济总量,与该区域经济在假定按所在大区相应产业部门的相同比例增长的情况下所能达到的总量之差。此值愈大,说明部门产业竞争力对经济增长的作用愈大。

(2) 确定时间范围及参照区域:SSM 在应用之前,第一步确定 t 值,即确定考虑区域经济变化的时间段,通常取 5 年或 10 年,本书取 10 年(即 2000~2009 年)。第二步(基于区域的相对重要地位的原则)确定背景区域和参照系,通常的做法是,所研究区域在哪一级较大区域有重要地位,就选择该较大区域为背景区域,本书选取萍乡、焦作、本溪和大连这 4 个城市所归属的 3 个省(江西、河南和辽宁)为背景区域。

(3) 划分产业类别:按一定的标准对社会各行各业进行归

并分类，这是研究产业结构的基础。本书按惯例将产业划分为第一、第二和第三产业三类。

（4）选取经济规模衡量指标：可选的指标很多，如从业人员、产值、净增加值等。通常采用的是 GDP，本书也以 GDP 为计量指标，即以江西、河南和辽宁这 3 个省三次产业部门国内生产总值的平均值为背景参考区域值，以萍乡、焦作、本溪和大连这 4 个城市的三次产业增加值为所研究区域相应部门的产值，研究 2000~2009 年几个代表性城市产业经济的发展效益。

具体模型如下：

$$G_{ij} = N_{ij} + P_{ij} + D_{ij} \tag{1}$$

$$N_{ij} = b'_{ij} \times R_j \tag{2}$$

$$P_{ij} = (b_{ij,0} - b'_{ij}) \times R_j \tag{3}$$

$$D_{ij} = b_{ij,0} \times (r_{ij} - R_j) \tag{4}$$

$$G_{ij} = b_{ij,t} - b_{ij,0} \tag{5}$$

其中，$b_{ij,0}$ 和 $b_{ij,t}$（$i = 1，2，3，4$，分别指代萍乡、焦作、本溪和大连；$j = 1，2，3$，对应于第一、第二、第三次产业）表示在基期和报告期区域 i 第 j 产业部门的规模。B_0 和 B_t 表示区域所在大区在相应时期的规模。$B_{j,0}$ 和 $B_{j,t}$ 表示所在大区 j 部门在基期和报告期的规模。r_{ij} 表示区域 i 第 j 产业部门在 $[0，t]$ 时间段的变化率。R_j 表示所在大区第 j 产业部门在 $[0，t]$ 时间段内的变化率。b'_{ij} 表示根据所在大区各产业部门所占的份额按下式将区域 i 各产业部门规模标准化。

$$b'_{ij} = b_{ij,0} \times B_{j,0} / B_0 (i = 1,2,3,4; j = 1,2,3) \tag{6}$$

本研究中所用数据来自 2001～2010 年的《萍乡统计年鉴》《焦作统计年鉴》《大连统计年鉴》《江西统计年鉴》《河南统计年鉴》和《辽宁统计年鉴》。利用搜集到的统计数据，依据公式（1）～（6），计算出 B_0，B_t，$B_{j,0}$，$B_{j,t}$，$b_{ij,0}$，$b_{ij,t}$，r_{ij}，R_j 和 b'_{ij} 的具体数值（见表 5-11）。

区域 i 总的经济增长量 G_i 由份额分量（N_i）、结构偏离分量（P_i）和竞争力偏离分量（D_i）三部分构成：

$$G_i = N_i + P_i + D_i \quad (7)$$

$$N_i = \sum_{j=1}^{n} N_{ij} = \sum_{j=1}^{n} b'_{ij} \times R_j \quad (8)$$

$$P_i = \sum_{j=1}^{n} P_{ij} = \sum_{j=1}^{n} (b_{ij,0} - b'_{ij}) \times R_j \quad (9)$$

$$D_i = \sum_{j=1}^{n} D_{ij} = \sum_{j=1}^{n} b_{ij,0} \times (r_{ij} - R_j) \quad (10)$$

表 5-11　偏离—份额分析计算表（三次产业）

城市	产业	B_0	B_t	$B_{j,0}$	$B_{j,t}$
萍乡	一	3908.387	14116.05	716.7067	1760.87
	二	3908.387	14116.05	1779.77	7612.083
	三	3908.387	14116.05	1411.877	4743.093
焦作	一	3908.387	14116.05	716.7067	1760.87
	二	3908.387	14116.05	1779.77	7612.083
	三	3908.387	14116.05	1411.877	4743.093
本溪	一	3908.387	14116.05	716.7067	1760.87
	二	3908.387	14116.05	1779.77	7612.083
	三	3908.387	14116.05	1411.877	4743.093

续表

城市	产业	B_0	B_t	$B_{j,0}$	$B_{j,t}$
大连	一	3908.387	14116.05	716.7067	1760.87
	二	3908.387	14116.05	1779.77	7612.083
	三	3908.387	14116.05	1411.877	4743.093

城市	$b_{ij,0}$	$b_{ij,t}$	r_{ij}	R_j	b'_{ij}
萍乡	14.3439	36.8457	1.568737	1.456891	2.630336
	54.0615	259.7993	3.805625	3.277004	24.6181
	31.1582	124.8412	3.006688	2.359425	11.25568
焦作	39.2028	85.55	1.182242	1.456891	7.188876
	112.3067	721.43	5.423749	3.277004	51.14133
	76.1033	264.44	2.474751	2.359425	27.49177
本溪	13.55	38.5	1.841328	1.456891	2.484753
	81.85	409.57	4.00391	3.277004	37.2722
	62.92	240.32	2.819453	2.359425	22.7294
大连	111.8	313.44	1.803578	1.456891	20.5015
	464.3	2127.25	3.581628	3.277004	211.4292
	485.9	1908.81	2.928401	2.359425	175.5279

利用搜集到的统计数据，依据公式（7）～（10），计算出 G_i，N_i，P_i 和 D_i 的具体数值（见表5-12）。

表5-12 偏离—份额分析计算表（经济总量）

城市	G_i	N_i	P_i	D_i
萍乡	321.9226	111.0626	160.51	50.34993
焦作	843.8072	242.9285	361.7752	239.1035
本溪	530.07	179.3895	257.0292	93.65135
大连	3287.5	1136.868	1693.97	456.6622

根据偏离—份额分析表中的计算结果，对各个产业部门进行分析判断。具体而言，对于 j 产业部门，可以根据以下的符号关

系得出一系列结论。

$$N_{ij} = b'_{ij} \times R_j$$

显然，b'_{ij}是个正数，于是N_{ij}的符号由R_j唯一确定。如果$R_j > 0$，表明第j产业部门在整个参照区域为增长部门；相反，$R_j < 0$，表明第j产业部门在整个参照区域为衰退部门。

$$P_{ij} = (b_{ij,0} - b'_{ij}) \times R_j$$

如果$b_{ij,0} - b'_{ij} > 0$，$R_j > 0$，则有$P_{ij} > 0$。这表明区域i在第j产业部门有盈余，该区域主要由增长部门构成。

如果$b_{ij,0} - b'_{ij} > 0$，$R_j < 0$，则有$P_{ij} < 0$。这表明尽管第j个部门为衰退部门，但区域i在第j产业部门仍有盈余，第j个部门在区域i中所占比重较大。

如果$b_{ij,0} - b'_{ij} < 0$，$R_j > 0$，则有$P_{ij} < 0$。这表明尽管第j个部门为增长部门，但第j个部门在区域i中所占比重较小。

如果$b_{ij,0} - b'_{ij} < 0$，$R_j < 0$，则有$P_{ij} > 0$。这表明第j个部门为衰退部门，同时该部门在区域i中所占比重较小。

$$D_{ij} = b_{ij,0} \times (r_{ij} - R_j)$$

显然，$b_{ij,0}$是个正数，于是D_{ij}的符号由$(r_{ij} - R_j)$唯一确定。如果$r_{ij} - R_j > 0$，表明相对于整个参照区域而言，第j个部门是相对增长部门；负号表明第j个部门是相对下降部门。

由于萍乡、焦作、本溪和大连这4个城市的R_j和N_{ij}之值都大于零，所以可以认为在整个考察期内它们的第一、第二、第三产业均为增长产业。这4个城市的结构偏离分量（P_{ij}）均为正数，但各自的竞争力偏离分量（D_{ij}）差别很大。焦作市第一产业的D_{ij}

值小于零，表明第一产业是相对下降部门。其余三市的 Dij 取值均为正数，表明焦作市的第二、第三产业和另外 3 个城市的三次产业均为相对增长部门。区域 i 的竞争力偏离分量（D_i）相差悬殊：大连和焦作的 D_i 取值分别是萍乡的 9 倍和 4 倍。总体（既考虑经济总量又考虑分量）排序为：大连、焦作、本溪和萍乡。

五 单位 GDP 能耗比较分析

在江西省省内，通过比较 2009 年国民经济和社会发展的主要指标，得出萍乡市在江西省所辖的 11 个市中的相对位置。选取的指标主要包括：面积、人口数、人口密度、地区生产总值、人均地区生产总值、社会就业人数、固定资产投资、地方财政一般预算收入、能源消费总量、全体居民消费水平、城镇居民消费水平、农村居民消费水平、城镇住户人均年可支配收入和农村住户人均年纯收入等。其中，"能源消费总量"是根据《江西统计年鉴》（2010）提供的各种能源折标准煤参考系数将各市规模以上工业主要能源消费量（实物量）换算得到的标准量，其余指标均直接来自《江西统计年鉴》（2010）。

从表 5-13 中，可得到萍乡的各项指标在全省中的位次：面积（第 9 位）、人口数（第 8 位）、人口密度（第 2 位）、地区生产总值（第 9 位）、人均地区生产总值（第 5 位）、社会就业人数（第 8 位）、固定资产投资（第 8 位）、地方财政一般预算收入（第 9 位）、能源消费总量（第 2 位）、全体居民消费水平（第 5 位）、城镇居民消费水平（第 2 位）、农村居民消费水平（第 4 位）、城镇住户人均年可支配收入（第 4 位）和农村住户人均年纯收入（第 2 位）等。

表 5-13 江西省国民经济和社会发展主要指标的比较（2009 年）

地区	面积（万平方公里）	人口数（人）	人口密度（人/平方公里）	地区生产总值（万元）	人均地区生产总值（元）	社会就业人数（万人）	固定资产投资（万元）
全　省	16.69	44321581	266	76551800	17335	2445.2	63921272
南昌市	0.740236	4648898	646	18375008	39669	282.8	14663151
景德镇市	0.5248	1576589	300	3640337	23174	94.97	3267042
萍乡市	0.3827	1864278	487	4214862	22685	103.69	5019621
九江市	1.88	4789502	251	8313636	17419.5	307.87	6543388
新余市	0.3164	1140308	361	4841748	42606	69.44	4983036
鹰潭市	0.3554	1115406	313	2568020	23106	69.9	1824796
赣州市	3.94	8428813	214	9406290	11201	458.02	5222429
吉安市	2.5271	4830175	191	5841087	12137	255.89	5802643
宜春市	1.8669	5484264	294	7002430	12769	294.26	4844319
抚州市	1.881692	3905673	208	5029103	12922	205.64	4558965
上饶市	2.28	6537675	288	7285029	11184	383.06	6030133

地区	地方财政一般预算收入（万元）	能源消费总量(万吨标准煤)	全体居民消费水平绝对数（元）	城镇居民消费水平绝对数（元）	农村居民消费水平绝对数（元）	城镇住户人均年可支配收入（元）	农村住户人均年纯收入（元）
全　省	5813012	5431.512373	6229	10033	3443	14021.54	5075.01
南昌市	1158800	323.652907	18788	27713	10849	16472	6296.19
景德镇市	243257	323.8484268	8519	10728	5770	14996	5705.28
萍乡市	273057	906.2929377	8199	15923	4700	14825	6343.95
九江市	505023	1209.644062	6897	10655	3949	14203	4818.9
新余市	330301	901.8442039	9520	13621	4219	15610	6445.02
鹰潭市	181148	162.7756741	10494	11497	3956	14140	5509.76
赣州市	680858	235.3953467	4780	6351	3808	12901	3855.6
吉安市	397408	192.2374439	4782	9285	3439	14095	5018.54
宜春市	476570	807.4705074	5830	8223	4874	13006	5076.89
抚州市	355950	25.30081365	4005	7310	2900	13119	5118.77
上饶市	480791	343.0499815	4686	11145	2972	13989	4701.33

利用上述地区生产总值和能源消费总量的数据，可进一步算出江西全省及所辖11市的单位地区生产总值能耗的情况，列于表5-14。

表5-14 江西省内单位地区生产总值能耗比较

地区	单位地区生产总值能耗(吨标准煤/万元)	地区	单位地区生产总值能耗(吨标准煤/万元)
全　省	0.709521183	鹰潭市	0.633856723
南昌市	0.17613756	赣州市	0.250253125
景德镇市	0.889611118	吉安市	0.329112448
萍乡市	2.15023158	宜春市	1.153128996
九江市	1.455012057	抚州市	0.0503088
新余市	1.862641765	上饶市	0.470897208

经比较可以看出，萍乡市的单位地区生产总值能耗尚须改进。

第六章 国内外资源型城市产业结构转型的经验与教训

第一节 外国资源型城市产业结构转型的四种模式

20世纪初,工业化国家就开始对资源型城镇发展过程中暴露出的一系列问题进行实践与理论探索。许多资源型城市都体验过"荷兰病"。巨大的地下财富成就了无数城市的光荣和梦想,也留下了裸露的河山、满地的疮痍。

所谓"荷兰病",是指20世纪60年代,以制成品出口为主的国家荷兰发现了天然气,政府大力发展天然气产业,出口剧增,经济繁荣。可是,天然气业的蓬勃发展却严重打击了其他工业。经过10年的天然气开采,荷兰的天然气资源逐渐枯竭,政府不得不面对资源产业短期繁荣带来的后遗症,如失业问题和出口问题,在国际上被称为"荷兰病"。

为走出资源枯竭的困境,自1950年代末始,世界上越来越多的资源型城市走上转型之路。部分城市如德国的鲁尔、法国的洛林、美国的休斯敦、日本的北九州等都获得了经济转型的初步成功。

从国际资源城市的转型经历看，不同政治经济体制下的资源型城市转型方式千差万别，转型方式的选择往往扎根于更深层次的社会图景之下。这是因为各国、各地区的自然及社会经济条件不同，解决问题的方法也不相同，即对于历史上处理经济问题的制度和措施有着"路径依赖"。当一项制度建立后，这种制度的地位会日趋巩固，一旦进入了锁定状态，要改变就会十分困难，往往需要借助外部力量，引入外生变量或依靠政权的变化，才能扭转原有方向。

从国外矿业城市和地区经济转型的实践看，政府干预情况可以分为四类：第一类是美国式也就是市场式，政府很少做具体的转型控制，而是做好规划和服务工作，城市是兴盛还是衰败，主要通过市场力量和企业自身发展规划决定；第二类是以法、德为代表的欧盟式，主要由政府主导，政府成立专门委员会或其他类似组织，制定详细的目标、计划和政策，通过政府部门、社会组织和相关企业的通力合作，调整产业结构，促进地区产业升级和经济发展，最终实现区域经济的再繁荣；第三类是日本式，采取政策指导下的产业援助，政府根据国内外市场的变化情况和资源地区的具体实际，制定和修改产业政策，设定目标并提出相应措施；第四类是前苏联式的放任型模式，包括委内瑞拉等，由于其国家体制是计划经济，政府几乎没有采取任何措施参与资源型城市的转型，这些城市只能停止发展。转型模式的选择与经济体制、社会环境有关，也和产业发展经历、市场结构、城市规模、地理区位、文化背景等有紧密联系。这四种模式具体的比较详见表6-1。

表6-1 国外资源型城市衰退产业结构调整措施比较

模式	产业结构调整政策	产业援助政策	企业采取措施	人员安置措施
美国	国家为区域经济发展制定的政策包括了对资源型城市所采用的一些措施。这些政策比较注重项目扶持和财政、金融工具的使用,较少使用补贴的方法	由政府、公司和工会组织注入社区基金,建立社区赔偿基金和专项保险机制。用作赔偿、搬迁和再培训费用,而不是对产业进行补贴	针对矿产资源的特点,许多从事采掘业的企业在开发过程中,致力于使用先进设备,及时采用先进的采掘技术。这个替代过程是在企业经营过程中逐渐进行的,而不是等到产业衰退时才匆忙开始	强调用法律手段援助衰退产业中的劳动力转移及人力资源再开发
欧盟	建立欧洲区域发展基金和区域政策委员会,提出共同区域政策的概念。实施区域政策初期,大多数国家主要采用援助和补贴的办法,后来改用支持新兴产业、建立经济技术开发区等措施 多数西欧国家还从本国的实际情况出发,把对产业衰落地区的调整改造作为区域政策的重要内容	德国联邦政府起初一直对鲁尔地区的煤炭、钢铁、造船等部门进行补助,特别是对煤铁等矿产品价格进行补贴,但没有带来积极的效果;后来政府调整了对老工业基地的资助办法,减少对钢铁、造船等部门的资助,只对其环保、废厂房利用等项目进行补贴,节省下来的资金用于帮助该地区进行新产品开发,扶持当地的新兴产业和资助再就业培训	积极开发和采用新的采矿技术。关闭不盈利的矿井,把裁减下来的优良设备和人员调剂到仍有竞争优势的矿区	国家建立资源型城市产业预警系统,发布公司计划,给地方政府、企业、工人及其家庭留出足够的时间来逐步有序地关闭工厂或是放弃一个矿区。预警时间一般提前半年到一年,否则就要给予额外的赔偿 鲁尔地区建立了灵活的劳动力市场,注重对青年职工的培训、在职工人的"转岗"培训以及技术管理人员的进修和新技术训练 洛林地区加强职业技术培训,针对

续表

模 式	产业结构调整政策	产业援助政策	企业采取措施	人员安置措施
欧 盟				资源型产业从业人员的实际情况,创造了对转业者进行分类技能培训的方法。在促进劳动力转岗再就业的同时,发展新企业创造新就业岗位
日 本	1961年制定《产煤地域振兴临时措施法》,1963年通过制定以上述法令为基础的相关产煤地域振兴基本规划和产煤地域振兴实施规划	主要采用财政援助方式。产业援助政策的主要经济来源依靠地方财政。地方财政援助政策包括地方支付税的特例、产煤地域开发事业费补助金、产煤地域振兴临时支付金三种。实施产业援助初期,财政援助主要用于对产煤地区、煤炭产业和下岗职工的补贴。1981年后,财政援助开始包括对产煤地域新产业的开发、大型项目的引进、基础设施的建设、文化教育设施的完善等内容	前八次煤炭产业政策为保持社会安定一直维持一定的煤炭产量。日本政府在第九次政策中,提出应该逐步关闭矿井,为了缓和就业压力,应避免集中闭矿。煤炭产业在政府的适当援助和需求行业协作下,尽最大可能缩小生产规模	分别给培训单位每人一年工资的3/4和2/3作为培训费,给接受培训者本人每天3500日元的生活补贴。煤矿工人年满55岁的享受养老保险。矿井关闭造成的失业人员52岁即可获得养老保险。对于不够年龄的人一次性发放平均800万日元的离职费,由政府和煤炭企业各负担50%。同时还为接收单位承担1/4~1/2的工人工资,以鼓励企业多吸纳煤矿关闭造成的失业人员。给每个失业人员发一本求职手册,持有手册者可享受优惠待遇
前苏联	无	无	无	无

第二节 两个日本案例

一 日本北九州——煤炭城市产业结构成功转型案例

北九州是日本著名的煤矿产区，其中著名的筑丰煤矿开发于1887年，此后大量生产煤炭。"二战"后，煤炭工业生产技术落后，效率低下，越来越不适应经济发展的要求，导致煤炭产业开始出现衰退现象，企业亏损日益严重。面对这种情况，日本政府于1955年出台了整治低效率煤矿、扶持高效率煤矿和实行多元化经营战略的《煤炭工业合理化临时措置法》。可是20世纪60年代以来，日本越来越多的产业发展开始依赖廉价的石油，受此冲击，煤炭企业的经营继续恶化，失业问题越来越严重。为此，日本政府在近30年的时间里，相继九次调整了煤炭政策。最初几次煤炭政策主要是力求稳定煤炭产量，从而保护煤炭产业的发展。第四次煤炭政策中指出"煤炭产业已是夕阳产业，煤炭工业已经不能自立发展，因此，应该勇敢地选择进退"。对煤炭政策的调整过程是日本政府对煤炭产业从保护到放弃的演变过程，它为推动日本煤炭产业的成功转型起到了关键作用。日本政府推动北九州煤炭产业转型的做法是将当地的煤矿全面封闭，按照新的经济发展要求以及产业政策兴办了一批新兴产业，同时，吸引大批区域外企业入迁，建立现代工业开发区。为了推动煤炭产业的转型，日本政府在失业人员的培养以及安置等方面又采取了一系列配套措施。

（1）政府对煤炭产业的失业人员给予免费培训，帮助其再就业。

（2）政府对开发区内安置煤炭失业人员及其家属的企业给予补贴和优惠，优惠的程度根据各企业用人的比例区别对待。

（3）政府通过政策法规的形式为煤炭产业的成功转型提供了保证。相继出台的政策法规有《煤矿职工队伍稳定雇佣临时措施法》《煤炭矿业年金基金法》《煤炭产业合理化临时措施法》《煤炭离职人员临时措施法》《产煤地区振兴临时措施法》和《煤炭对策大纲》等。

（4）对原煤炭矿区进行各种改造，比如将关闭的煤炭矿井改造为旅游景点等。

在一系列政策措施的推动下，日本政府用了近10年的时间将北九州的煤炭产业区转换成高新技术产业区，成功实现了产业转型。北九州的成功主要体现在：在资源尚未枯竭时，积极主动实施多元化发展战略，根据区域资源优势，大力扶持成长型替代产业，引导衰退产业循序渐进地向新兴产业转移。同时，对煤炭失业人员的再就业促进政策以及社会保障政策的实施既维护了社会的稳定，又为新兴产业的发展培养了新生主力军。

二 日本夕张——煤炭城市产业结构调整与优化的失败案例

日本夕张市位于北海道，是日本著名的小煤城。1888年夕张市发现煤田，此后，夕张的煤炭生产对北海道的发展以及日本工业化进程起到了重要的推动作用。煤炭产业的发展吸引了来自全国各地的煤炭工人。1960年夕张人口达到11.7万人，夕张市的煤炭生产达到顶峰，夕张达到鼎盛时期。20世纪60年代以后，一方面受石油能源的冲击，另一方面，日本的劳动力成本高导致煤炭价格居高不下，煤炭的国际竞争力日益削弱，煤炭生产处于急剧下降状态。在这种情况下，日本政府决定从国外大量进口煤炭。因此，从1963年开始夕张市煤矿陆续关闭，到1990年，24个煤矿全部关闭，人口锐减到2万人。

夕张在煤炭行业进入衰退期以后，开始对原有的煤炭产业进行产业结构调整。一方面利用当地的自然资源条件，即地理、气候特点，培育出了夕张密瓜和以此为龙头产品的有竞争力的特色农业，夕张从煤炭之城变成"密瓜之都"。夕张蜜瓜不仅传遍北海道，而且打入东京市场，为夕张的瓜农带来了丰厚的经济效益。这是夕张市产业结构转型的成功经验。

另一方面，夕张开始大力发展旅游业。由于旅游业的发展需要一定的资金支持，夕张市政府开始通过借款发展旅游产业，在夕张旅游业范围不断扩大的同时，夕张的债务也越来越高。但债务的增加并没有换来夕张经济效益的改善，城市衰退趋势没有改变。到2000年，夕张市人均债务高达480万日元。在这种情况下，2006年7月，夕张市政府宣布破产，临时成为中央直管市。夕张市产业结构转型失败的原因可以归纳为两个方面：一方面是贻误了产业结构转型的最佳时机。夕张煤炭生产的最高峰是在1960年，然后处于下滑状态。因此，新兴产业的培育应该在1960年前，而促进夕张市城市转型的一系列政策措施却在20世纪60年代末期以后才相继出台。在原有的煤炭产业不断衰退的过程中，新兴替代产业尚未培育出来，城市发展缺乏主导产业的推动，抑制了经济的进一步发展。另一方面，超出本城市规模发展旅游产业是一个错误选择。为了促进经济发展，夕张市非常重视旅游业的发展，并投入了大笔资金，相继建设了机器人科学馆、动物园、博物馆、冒险家游乐场等旅游设施。而夕张市是北海道的一个小城市，面积仅有763平方公里，人口只有2万多人。旅游业规模扩张过大，远离了夕张市城市规模较小、城市人口少的基本特征。城市消费能力不足，一些旅游设施常年处于闲置状态，难以发挥作用，有的旅游设施由于经营困难，最后只能关门停业。政府的规划没有像预期那样给夕张市带来丰厚的经济效益，而且还使夕张市背上了沉重的债务负担。因此，夕张市城市转型失败的原因主要是政府没有及早地考虑接续产业的培育，以及进行了违背城市空间发展规律、与城市资源不相适宜的产业结构调整。

第三节 国际经验和教训给我们的启示

一 政府主导，制定转型规划

各国的经验表明，通过立法或成立专门的转型领导机构是转型成功的重要保证。机构成员由各方代表组成，并包括各方面专家，他们能够代表全局利益，又能同各方进行交流。该机构既有一定的权力又承担相应的责任，通过研究本地区的具体实际和借鉴其他地区的转型经验，制定转型规划并提出切实可行的措施和方案。

对于已经形成的资源型城市，要及早考虑城市的未来，确定将来的发展方向。等到资源枯竭后才想到转型，已是积重难返，要付出高昂的转型成本。如德国的鲁尔地区和法国的洛林地区，都是在资源型产业已经步入困境的时候才开始转型的,虽然成效显著,但成本高昂:每年政府都要投入巨额的财政资金,而且时间持续长达30年。因此,应在资源开发尚处于增产期和稳产期时,就开始制定转型规划,利用这段时期较为充裕的资金,发展替代产业。

二 发展替代产业

资源型城市一直依赖资源的比较优势,只追求资源的产量,但资源储量会随着高强度的开发而降低,开采成本会增加,城市会逐渐失去竞争优势。单靠对资源型城市的财政援助或价格补贴并不能增强其竞争力。根据欧盟国家的教训,应该把转型的重点从对采掘业的援助转移到发展有竞争力的替代产业,资金应主要用于发展替代产业,培育区域新的竞争优势,同时解决资源型产业的下岗人员再就业。资源型城市要从自身特点出发,立足比较优势,再造竞争优势。这才是产业转型的关键。

产业转型需要大量资金,仅仅依靠本地区的自身积累和国家的财政投入是不足的。争取外来投资(包括国外投资和国内投资)是一个很好的途径。外来投资的进入不仅会带来资金,还会带来先进的技术、管理和观念,对资源型城市的产业转型同样重要。要吸引外来投资,就要改善投资的"软""硬"环境,包括廉洁高效的政府、良好的经济秩序和商业氛围、高素质的市民和文明的社会环境,以及道路、通信、环境、科教、文卫等基础设施和公用事业。这是企业进入的先决条件。

三　解决好转型中的社会问题

在资源型产业退出的过程中会出现许多社会问题，最为突出的是失业人员的安置问题，它关系到社会稳定。资源型产业是典型的劳动力密集型产业，从业人员数量大，劳动技能单一，知识结构层次低，学习能力较差，很难适应新兴产业的需求。而且由于资源开采行业的特点，劳动力主要是青壮年。解决好这么多失业人员的再就业，是所在地政府的大事。如果解决不好会引起社会动荡，可能会出现罢工、游行、示威等活动，甚至造成犯罪事件频发等各方面问题。各国经验表明，资源型城市产业转型中难度最大的就是实现人员的"转型"。

借鉴国外的经验，应对失业人员进行有针对性的职业技能培训，让他们掌握一技之长，同时还要拓宽就业渠道，畅通就业信息，帮助他们尽快就业。鼓励"转型"人员个人创业、兴办中小企业，是解决就业和实现资源型城市企业结构多元化的有效措施之一。政府应出台鼓励个人创业和保护创业者利益的优惠政策和措施，通过提供资金支持、技术支持和信息支持等手段，形成良好的个人创业环境和氛围，扶持个人创业。这也是吸引和留住人才的战略举措。

为了避免大批解雇工人造成社会动荡，美国、加拿大、澳大利亚等国还积极利用较完善的社会保障尤其是失业保险，职工失业后依靠失业保险过渡，然后自谋生路。

上述经验可以供我国借鉴，但也要注意：我国资源型城市在资源型产业的形成、发展和现实状况等方面都具有自身的特点，完全照搬国外做法难以奏效，必须从具体的国情、市情出发，在科学发展观指导下,以构建社会主义和谐社会为目标,既要学习其他国家的先进经验,更要不断创造和总结自己的经验,走出自己的资源型城市转型之路。

第四节 国内资源型城市产业结构转型的经验

我国也于改革开放之初开始了资源型城市经济转型的探索,部分城市如大庆、抚顺、淮北、淮南、枣庄、阜新、白银、焦作、黄石等城市的转型也都取得了良好的效果(详见表6-2)。

表6-2 我国典型资源型城市产业结构转型的经验

城市	转型经验
大庆	①重视城市的产业转型,早在资源开采的高峰期,就大力推进资源型城市转型战略,注重接续产业的发展。1992年4月,大庆高新区奠基,开启了大庆转型之路 ②在承担石油生产重任的同时,首选与石油相关的石化作为接续产业,接连办起了农副产品加工业、机械制造业,还上了一批电子、皮革、纺织和橡胶等项目,接续产业年销售收入可达百亿元 ③在节能降耗方面,广泛利用地热能源,运用热泵技术打井。变废为宝,利用农村秸秆提取酒精和生物柴油,实现资源再利用
抚顺	①开发替代资源发展替代产业:利用煤炭中伴生的油母页岩(含油47.5%)建立炼油厂,又在炼油的基础上发展石油化工 ②建设坑口火力电站,实行煤电转化,大力发展电力及蒸汽供应服务业 ③利用已停产的胜利煤矿的土地、房屋、水电设施、人力资源和技术条件,创办了抚顺胜利出口创汇工业区,形成了以外资和外销为主、产业结构优化、技术先进的外向型经济综合区
淮北	①大力宣传绿色、健康、人文、科技、可持续发展五大主题,提出了建绿色家园,创建生态城市的发展目标。以淮北市采煤塌陷区复垦复绿为基础,把生态环境治理作为淮北发展开放型经济的龙头工程。在塌陷土地上规划建设六

续表

城市	转型经验
淮北	大经济板块:现代化工业园区、现代化新城区、现代化高科技园区、现代化休闲旅游区、现代化商贸物流中心和高科技观光旅游农业区 ②引进以优势产业为主,瞄准世界纺织业的先进技术与设备,实施多元发展战略,形成了针织、纺织、印染、服装等产业共同发展的新格局 ③吸引国内外客商投资,促进淮北市开放型经济发展和转型 ④大力发展乡镇企业、私营企业、三资企业,使淮北市基本形成了能源型、综合型的现代化工业体系
枣庄	①立足资源优势,拉长主导产业煤化工产业链,努力发展"煤—焦—化、煤—电—化、煤—气—化" ②利用高新技术和适用技术改造传统产业,实现传统产业高新化,提升煤炭、建材、机电、食品、造纸和建筑等产业的科技含量 ③淘汰落后生产能力,培育高新技术新产业,重点发展新材料、生物技术与制药、机电一体化、电子信息等作为接续产业 ④鼓励个人创业,吸纳社会资本,大力发展民营经济 ⑤完善基础设施,优化投资创业环境,通过多种方式招商引资发展高科技产业 通过几年来的不懈努力,形成了一个以煤化工为主导,煤炭、建材、纺织、机械电子四大产业为支柱,拥有冶金、卷烟、造纸、橡胶、医药、食品等行业,门类齐全的多元化工业体系
阜新	2001年,辽宁阜新成为国内第一个资源枯竭型城市经济转型试点 抓住国家鼓励和支持可再生能源发展的机遇,在经济转型中实施稳煤强电战略,充分发挥阜新的风能资源优势,大力发展风电产业 发展现代农业,用生产工业品的方法生产农产品,做强第一、第三产业,退出传统的工矿业,实现资源枯竭后的经济转型,解决矿区下岗职工再就业。创造了下岗职工转向现代农业、进入农业园区的三种模式:1.由下岗职工自主创业,自建自营;2.村集体出资包建棚舍,由下岗职工租赁经营;3.由民间资本出资,为下岗职工提供就业岗位
白银	白银经验可以归结为6个"转变":产业发展由主要依靠初级产品和传统产业向高新技术产业和资源原材料精深加工转变;发展思路由过去的一般化、程式化向抓项目、重载体方向转变;开发的方式从自我开发为主向借助外力求发展、全方位开放、开发转变;项目的布局由比较分散型向强化一园一区、实现

续表

城市	转 型 经 验
白银	产业聚集型转变;资金的投入由主要依赖国家投资向坚持国家、地方、银行和民间几方面共同投资转变;环境的建设由单纯提供优惠政策向注重改善基础设施、提高服务质量转变 白银发展替代产业的一大特色是"重视科技在推动城市转型中的作用"。白银明确提出主要依靠科技打造新优势,以科技创新延长产业链、以高新技术产业群重新构建产业结构。这令白银由一个主要依靠传统产业和初级产品加工为主的城市,开始向以资源原材料精深加工为主的高新技术产业体系转变
焦作	从1999年开始,焦作以第三次创业为标志,做出了战略调整:以旅游业为龙头,大力发展第三产业;利用农业资源,大力发展农副产品加工业;以高新技术产业为重点,培育壮大骨干企业。先后投资40多亿元上项目、办旅游、搞绿化。短短几年时间,经济实现了从资源主导到科技主导,从开发矿山到开发旅游,从黑色印象到绿色主题的质的跨越,经济发展步入了快速、稳步增长的轨道 在转型过程中,首先坚持走煤电结合的道路,壮大能源工业;其次,发展电铝联产和延长产业链条,建成中铝中州分公司等大型企业和一批铝材深加工企业;再次,改造化学工业,提升产业档次;最后,发展农副产品加工业、机械工业、高新技术产业和旅游等新兴产业。通过以上措施,传统的煤炭业所占的比重逐步下降,经济的发展步入健康持续的良性发展轨道 为保证旅游市场有序、健康地发展,确立了"引导、竞争、秩序、繁荣"的八字方针,依照国家行业标准,先后配套制定出台了10余份规范性文件,通过旅游管理的制度化来规范和约束旅游市场的行为,维护和保障旅游者和旅游经营者的合法权益 "十二五"期间,焦作市重点是做好两个转型和升级:一个是工业向上下游延伸,打造更完整的产业链;一个是旅游业要跨越"门票经济"的初级阶段,让吃、住、游、乐、休闲等"一条龙"需求都能在焦作得到满足
黄石	黄石近年来突破矿业开发形成的传统高污染、高耗能发展模式,大力弘扬"铜斧熔炉"精神,奋力推进"发展大产业、打造大园区、建设大城市"三大战略,探索以"两型"促转型、以转型推"两型"的发展模式 黄石在转型上重视软资源开发以及通过创新驱动解决资源问题和长效机制,特别在大部制、综合体制改革等方面下了大功夫。如推进黄金山工业园、大冶城西北工业园、阳新城北工业园和沿江经济带"三园一带"规划建设,加快培育壮大机械制造、食品饮料、纺织服装、化工医药四大接续替代产业;投入20多亿元启动城市生态环境修复治理,实施铜录山地质环境治理、城乡供水

续表

城市	转型经验
黄石	一体化和污水处理工程；实行城区"大部制"和扁平化管理体制改革，实行"两集中一代办"行政审批制度；在推进棚户区改造中，成立黄石众邦城市住房投资有限公司，构建"政府主导、市场运作"的融资机制，较好地解决了保障性住房建设钱从哪里来的问题。最重要的是把解决民生问题作为出发点和落脚点，大力加强就业和社会保障工作，着力推进城市转型 黄石旅游资源丰富，拥有军事古塞西塞山、古矿冶遗址铜录山、佛教圣地东方山、风情万种仙岛湖等历史文化和自然风光景区。其中，铜录山古铜矿遗址博物馆，于1984年由国家投资修建，完整地保存了古铜矿七号矿体的全貌。国务院于1982年将铜录山古铜矿遗址列为全国重点文物保护单位。1985年，国务院又将铜录山古铜矿遗址与秦始皇兵马俑等并列为新中国成立后的考古十大发现之一。由于铜录山古铜矿遗址是迄今世界上发现的年代最早、保存最完整的古铜矿遗址，国务院已向联合国教科文组织申报将其列入《世界文化遗产目录》清单 经过近几年转型发展的探索，黄石经济社会发展有了新变化，确立了科学发展的新路径，增加了区域发展的新优势

概括地说，我国部分资源枯竭型城市经过近年来的探索，已初步探索出资源转换、科技主导、发展循环经济和延伸产业链、建立再就业援助机制等几大转型模式，但要实现成功转型还有很长一段路要走。由于先天积累不足等因素的影响，我国进入资源枯竭期的资源型城市在摆脱资源枯竭包袱、成功实现转型方面，目前面临且必须尽快解决三大难题：一是就业压力在短期内难以缓解，失业工人的饭碗问题；二是先天缺乏资金积累，新的接续产业、替代产业上档次、上规模、老旧企业改造受资金掣肘的问题；三是环境保护的历史欠账日益增多，废弃物长期大量排放导致地面塌陷、水源污染、土地侵蚀等严重的生态环境问题。长期以来，对资源型城市的投资，主要侧重于初级产品的再生产，在

环境治理方面的投资很少，导致出现"欠新账，补旧债"的现象。

根据国务院38号文件，2010年前，资源枯竭城市存在的突出矛盾和问题要得到基本解决。现在已进入"十二五"时期，对这些资源枯竭城市而言，求索之路仍然漫漫。

第七章　萍乡市产业结构调整与优化的思考与建议

第一节　萍乡市产业结构转型的效果评价

本研究通过第五部分中对萍乡经济发展状况、产业结构构成等的实证分析，以及对绿色 GDP 排名、三次产业比重的演进、产业结构变化率、产业结构变动系数和偏离—份额数据等的计算及国内比较，得出以下结论。

（1）由于市政府近年来采取了一系列政策措施，萍乡的经济和社会发展取得了长足的进步，成绩巨大，大部分指标都呈现逐年递增的趋势。这为未来的发展奠定了良好的经济基础。

（2）萍乡经济发展仍高度依赖于投资和资源消耗。通过比较各次产业的贡献率可以看出，GDP 的增长很大程度上是由第二产业（尤其是工业）的发展推动的。第二产业（特别是工业）增加值比重过大，远高于第一产业和第三产业增加值，三次产业的次序远未达到产业发展的高级阶段。而且，产业结构呈超重型,重工业的比重过高,轻工业的比重偏低。这种状况将对城市经济的可持续发展构成障碍。

第二节 萍乡市产业发展的 SWOT 分析

我们要充分认识萍乡市的优势和劣势,发掘潜在资源,克服路径依赖,改变一业独大的局面,像抓工业那样去抓第三产业,真正实现三次产业协调发展。

为清楚地确定萍乡的优势和劣势,了解萍乡未来发展可能面临的机会和挑战,制定有针对性的未来发展战略,这里引入 SWOT 分析法。

SWOT 分析法(态势分析法),是将研究对象的主要优势(strengths)、劣势(weaknesses)、机会(opportunities)和挑战(threats),通过相关调查罗列出来之后,依照一定的次序按矩阵形式进行排列,把各种因素相互匹配起来,运用系统思想加以分析,并且从中得出一系列相应战略的分析方法。

SWOT 分析法最早是由美国旧金山大学的韦里克教授(H. Weihric)于 20 世纪 80 年代初提出的。该分析法通常运用于市场营销领域,是竞争情报分析常用的方法之一。它有利于人们对组织所处情景进行系统、全面、准确的研究,也有助于人们制定发展战略和发展计划。通过对优势、劣势、机会和挑战加以综合评估与分析得出结论,然后再调整企业资源及企业策略,达成企业目标。后来 SWOT 分析已逐渐被许多企业运用到企业管理、人力资源、产品研发等各个方面。

对萍乡市产业发展的 SWOT 分析表明,该市的产业发展存在明显的内在优势,具有良好的外部机遇,同时也面临着一些威胁与挑战(见表7-1)。但这些优势与劣势、机遇与挑战并非一成不变,而是动态发展变化的,在不同时期、不同条件下还可以相互转化。萍乡如果能通过自身努力将劣势转化为优势,将挑战转化为机遇,将推进全市产业结构转型的进程,实现全市的可持续发展。

表7-1 萍乡市产业发展的 SWOT 分析

内部条件	优势(S)	机会(O)	外部因素
	• 区位优势[a]	• 持有三张"城市名片"[d]	
	• 交通枢纽[b]	• 国家"中部崛起"政策	
	• 文化底蕴深厚	• 承接产业梯度转移	
	• 旅游资源丰富	• 融入长株潭经济区	
内部条件	劣势(W)	挑战(T)	外部因素
	• 地域边缘化[c]	• 后"金融危机"时代的挑战	
	• 体制弊端	• 城市间的竞争	
	• 产业结构矛盾突出	• 成本上升	
	• 主要产业面临资源枯竭		
	• 水资源短缺		
	• 人才、技术与金融支撑薄弱		
	• 历史欠账较多		

注:a. 地处赣、湘结合部,毗邻长株潭,对接长珠闽。

b. 浙赣铁路、沪瑞高速穿境而过,320国道、319国道纵横交错,构架了与浙、湘、闽、粤互联的"八小时经济圈"。

c. 萍乡在行政上虽属江西,但离省会南昌比较远,而离长沙很近。在经济生活上,与湖南的关系更为密切。

d. 享受东北老工业基地优惠政策的城市、全国第二批循环经济试点城市、全国首批资源枯竭可持续发展转型试点城市。

第三节　基于增长极理论的萍乡市产业结构转型发展的思路

一　增长极理论与产业转型实践

（一）产业增长极的形成机理

1. 增长极的初步选择

选择和培育地区发展增长极，首先要在该地选择一个或一组推进型产业。但是，目前对于增长极量化的标准并未统一。在佩鲁的增长极理论中，"增长极是具有推动性的主导产业及其关联产业在空间上的集聚"。可以看出，推进型产业是围绕主导产业部门的一组产业的集合，主导产业属于"产业综合体"中的关键一环，相较其他产业而言，主导产业最明显的就是"带头作用"，代表着产业发展的未来趋势，因此可以参照产业结构调整理论中的主导产业选择基准进行分析。罗斯托即认为，经济增长本质上是一个部门的增长过程。经济在成长过程中的任何时期，不同产业部门之间的增长率都存在着广泛的差异。整个经济增长在一定意义上是某些主导部门的迅速增长所产生的直接或间接效果。罗斯托阐释了主导部门带动经济成长的传导过程，但并未明确指出如何在实践中选择主导产业。日本经济学家筱原三代平在20世纪50年代中期提出了筱原基准，其中包括"收入弹性基准"和"生产率上升率基准"。

首先是收入弹性基准，即选择收入弹性较高的产业为主导产业。收入弹性是用来衡量需求量对国民收入变动的反应程度。不同的需求收入弹性大小可以表明不同产业潜在市场容量的大小。只有收入弹性较高的产业才能不断地扩张市场，而广阔的市场正是产业进一步发展的先决条件。因此，只有这样的产业才能代表一个区域产业结构变动和向前发展的方向。收入弹性基准的理论含义就是要求政府优先发展那些收入弹性比较大的产业，以满足社会迅速增长的需求。主导产业部门理应具有较高的收入弹性。

其次是生产率上升率基准，即选择生产率上升的产业为主导产业。生产率上升率快的产业，技术进步快，投入减少、成本降低、收益增加的速度加快。当区域各产业之间存在着由生产率上升率不同带来的收入差异时，资源、资本和劳动力就较容易从收益低的产业部门向收益高的产业部门转移，形成良性循环。因而，如果产业部门生产率高，那么它做大做强的几率就高，并能在自身发展中带动其他相关产业的发展，成为一个区域社会经济增长的支柱和动力。因此主导产业部门应该具有较高的生产率上升率。

2. 推进型产业有较强关联效应

产业关联效应是指各个产业部门中客观存在的相互影响、相互依存的关联度。通过产业关联，一种产业的发展会带动或推动与其关联的产业进一步发展。产业关联度可认为是产业对经济的影响程度，关联度高的产业对经济发展的影响力就大，反之对经济的影响就小。产业关联可分为前向关联、后向关联和旁侧关联。例如，纺织业的前向关联为服装皮革制造业，后向关联为农业，旁侧关联为印染加工、金融服务业等行业。优先投资和发展的产业必定是关联效应最大的产业。关联性大的产业门类前向、后向联系的能力大，产生外部经济的能力强，其增长对其他产业产生的波及力大，对区域经济的推动力也大。通过该产业的扩张和优先增长，可逐步扩大对其他相关产业的投资，带动后向联系部门、前向联系部门和整个产业部门的发展，从而在总体上实现经济增长。如果产业的关联度不大，其自身发展的趋势再好，也难以带动其他产业部门的发展，就不能发挥"推进性"的作用，无法进一步形成城市的增长中心。

3. 产业增长极需适应地方性发展

如果推进型产业的选择脱离了本地的主要产业基础，与本地的产业没有发生紧密联系，使得两者在规模上、技术上相差太悬殊，无法形成产业链，相关资源要素向外扩散的通道受阻，产业结构联系中断，就只能形成与周围地区经济相割裂的飞地经济。例如，作为现代资本密集工业的增长极，如果在发展过程中企业间的连锁作用、扩散作用都未发挥出来，与当地的传统工业结构形成了二元经济形态，就很难谈得上带动周围企业和地区发展。资源枯竭型城市的产业转型必须立足于自身的客观实际，正确认识实现产业成功转型的优势和现实困难，谨慎选择和培育产业增长极。如果短期内对转型的速度、目标提出过高的要求，超过了资源枯竭型城市自身经济和社会发展的承受限度，就可能使转型进程受阻，造成不健康、不持续的发展。因此，增长极的选择应综合考虑资源城市的自然条件、经济实力、社会发展水平、工业基础等因素，尤其要考虑到资源城市长期以来一直以开采为主的能源产业。资源城市的产业结构、技术结构、劳动力结构均呈现出单一性的特征。应根据不同类型资源城市的衰竭程度，切合实际地选择和培育产业增长极，促进经济、社会和环境各方面的协调发展。

（二）极化效应与扩散效应的作用规律

将已选择的推进型产业嵌入地区后，将形成集聚经济，产生增长极，增长极通过极化效应和扩散效应来影响区域经济发展。极化效应是指推进型产业的迅速增长引起其他经济活动不断趋向增长极的过程。增长极主导产业的发展，因而推动型产业快速增长，生产规模不断扩大，不仅会带来规模经济效应，导致生产成本逐渐下降，也会诱导相关产业进一步扩张并向核心地区集中，增强核心地区的竞争力。极化效应是通过规模效应实现的。同一行业的各种企业聚集，势必促进一系列为之服务的生产性及非生产性行业的发展，例如金融业、运输业、文化事业、教育业等的发展，同时引发科技人才、科技信息汇集和地区性人口增长。不同行业各种企业的聚集，则有利于专业分工，专业化协作和联合化生产又会进一步提高生产效率，降低生产成本，利于企业扩大生产，改善生产经营环境，实现良性循环。

扩散效应是指经济要素从核心区向外扩散、延展，从而带动整个区域经济的不断发展。推进型产业快速发展，通过产品、资本、技术、人才及信息的流动，会对其他地区产生促进、带动作用，提高农业产出，增加其他地区就业机会，提高周围地区的边际劳动生产率和消费水平，引发周围地区技术的不断进步，从而提高整个区域的经济发展水平。扩散效应主要通过以下几个途径来实现：首先，极化中心的原材料、食品等物质需要依赖周围地区的供应，从而带动、促进整个区域农业和初级产品、初级加工工业的发展；其次，极化中心要实现经济利益不得不依赖外围的市场；再次，极化中心先进的科学技术和管理经验，不可避免地会被周围地区模仿学习，从而带动整个区域科学技术水平的提高；最后，极化中心为了满足自身发展需要，会将一些初级加工工业和不易远运的工业放在周围地区，从而带动周围地区的工业生产和经济社会发展。因此，产业增长极的扩散效应主要表现在乘数效应及示范效应两个方面。乘数效应是指推进型产业的单位投入会引发系统总产出的成倍增长，通过与相关产业的投入产出矩阵，推进型产业的扩张必然会引起相关产业的扩张。示范效应则是指，一种新产业的建立将刺激其他产业的模仿和相关产业的创新，从而带动产业结构的高级化。

总体而言，极化效应与扩散效应的作用规律就是：极化效应引起产业集聚，形成规模经济，最终形成经济单元，这是一种不平衡状态；扩散效应将产业发展的不平衡状态引至平衡状态，最终扩大经济单元，为下一轮极化效应做准备。"极化—扩散—极化"的反复作用，也就是"不平衡状态—平衡状态—不平衡状态"的不断循环，最终将增长极扩散到整个区域。在增长极刚刚形成的最初阶段，极化效应将占据主导地位，扩散效应仅具有较小的影响范围和力度，这个阶段会持续较长时间；而随着增长极规模和实力的逐步扩大，扩散效应将逐渐加强，增长极的增长系将转向均衡化发展，最终完成从不均衡到均衡的过渡。

（三）产业增长极的点轴模式

产业增长极的发展壮大遵循了"点→线→面"的发展规律。地区的经济增长首先应该出现在一个点上。这个点是经由政府引导或自发形成的，可以只是一家工厂，一类企业，一种创新型产业，即一个"增长点"。"点"的发展使与其相关联的前向或后向产业得到发展，形成一条增长线，或称增长轴。增长轴的形式多种多样，包括：交通轴，即依靠交通运输走廊发展起来的产业群，如高速公路轴、水轴；工业轴，即一系列相关联的工业或工业体系发展而成的工业带；农业轴，即由于示范园区的带动，以及政府提供的科学的农业技术指导,在农业基础较好的地方发展现代农业一条龙体系,形成较大的农业生产基地;生产力轴,即依赖共同使用的公共物品、基础设施和配套设施而一起成长壮大的产业集群。

增长轴的发展最后将演变为增长面,指带动经济增长并具有向四周辐射作用的经济区域。在增长轴上的每一个增长点,都是独立的经济单元,经济单元中的产业和人口继而又要向其周围地区辐射影响力,包括产品、技术、管理方法等向周围辐射,以取得资本、劳动力、原料等经济运行的新动力。因而各节点都发挥着其自身特有的极化和扩散作用,对经济的影响力和控制力进一步增强。不断扩大原有经济单元的辐射范围,将形成新的经济单元,并最后形成次级经济中心,使单个产业或一组产业的"磁场"能力足以吸引到更加外围的资金、技术、人才和物质资源。范围不断向外围扩大,最终会形成更大区域的增长极,如长江三角洲经济圈、珠江三角洲经济圈和环渤海经济圈的形成过程都是以点带面的模式。

二 萍乡市新产业增长极的定位和培育

(一)萍乡市各区的产业趋势

根据资源环境承载能力、发展基础和潜力,按照发挥比较优势、加强薄弱环节的要求,萍乡市从发展非煤产业开始,在各区建设专业化工业园区,积极培育了一组有潜力成长为增长极的产业,并根据市内各区的经济基础和特色优势有选择地进行了渐进式培育。

例如,安源区过去的传统产业为煤炭采掘业和机械制造业,现在主要发展高新材料特色板块,以江西武冠实业集团等企业为龙头,大力发展石化与冶金工业用填料、建筑防水材料、环保建筑涂料等高新材料,培育和打造安源高新材料产业基地;新建的萍乡经济开发区是转型开发区，其主要产业为汽车制造、医药化工、科技电子等，重点发展先进制造业，以希尔康泰制药、安源客车、莲花电子数码、安源管道、安源机械等园区企业为主导，发展技术含量高的特色制造业（见表7-2）。

表7-2 萍乡市转型后产业与转型前产业对比

行政区划	转型前	转型后
萍乡经济开发区（后建）	—	高新技术工业园、汽车制造业
安源区	黑（采掘业）、金（冶金）	冶金、高新技术产业（新材料与新能源）、机械制造业、煤化工、旅游业
湘东区	黑（采掘业）、白（陶瓷）	冶金工业、陶瓷业
莲花县	灰（水泥）、农业	特种冶金工业、建材、生物制药业
上栗县	红（花炮）、农业	花炮产业、动漫产业
芦溪县	农业	电瓷、食品加工业、旅游业

湘东区过去的传统产业为陶瓷，现在发展大工业特色板块，利用现代技术升级传统产业，不断加大投入，扩大规模，发展湘东陶瓷产业基地；芦溪县发展电瓷特色板块，发展110千伏以上高电压、高强度、大爬距电瓷绝缘子等产品，打造全国知名的电瓷生产基地；上栗县主要产业为烟花爆竹特色板块，提升传统产业，加强与周边城市浏阳、万载等地的经济合作关系，做大做强烟花爆竹行业，将品牌推广至全国各地；莲花县主要产业以特种冶金、医药、食品为龙头，发展莲花县特色工业板块，突出莲花县的地域特色。

（二）基于推进性因素的萍乡市产业增长极定位

资源型城市在主体资源枯竭的情况下，往往会出现多种困难交织的局面，产业转型任务重、难度大。在这种情况下，单独依靠一种产业或一种途径进行转型无法适应市场变化，通常难以奏效。因此，用一组推进型产业同时进军的方式实施产业转型，不仅转型方向多元，而且转型主体多元，更容易让各方面的力量融合进来，挖掘最大的生产潜力和社会潜力。而且，这样的结构弹性好，易形成产业群，也更能适应市场变化的需要。这组产业中的每一项都具有极强推进性，才能使这个组合在地区发挥最大的增长极效应，带动整个地区的发展。萍乡市在实践探索中逐渐明确了以高新技术产业、机械制造业、汽车制造业、旅游业为具有地区增长极功能的产业综合体。这组产业以它们的前瞻性、带动性、地域性以及突出的比较优势成为萍乡市产业转型的推进型产业。下面结合产业的推进性因素，对萍乡市产业增长极的定位作可行性分析（见表7-3）。

表7-3　萍乡市推进型产业的选择因素

	综合因素	内容	产业
推进型产业的选择	产业关联性	前向关联（社会消耗数量）	高新技术产业、机械制造业、冶金工业
		后向关联（消耗其他产品数量）	
	创新性	创新企业家	高新技术产业、汽车制造、生物制药、旅游业
		科技投入资金	
	政府资源	科技从业人员	高新技术产业、煤化工、冶金
		国家政策	
		地方政策与治理	
	发展基础	基础设施	花炮产业、陶瓷业、旅游业
		累积资金	
		生产经验	冶金工业、食品加工、旅游业
	区位优势	交通枢纽	
		外围城市示范效应	

从萍乡市各区发展的特色产业和萍乡市发展基础良好的传统产业可以看出,高新技术产业、机械制造和汽车制造业、旅游业在萍乡市的竞争优势比较明显,属于萍乡市扶持和发展的明星产业,具有增长极趋势。其中,高新技术产业的优势较为突出,加上萍乡市高新技术园区的建设,高新技术企业已经初步形成了一定的集聚规模,具备了一定的扩散能力,为产业的空间扩散和带动其他产业发展打下了良好的基础。

三 萍乡市三大产业增长极的可行性分析

(一) 高新技术产业的先导作用

高新技术产业包括四个重点项目。首先是新能源产业。依托新能源资源优势,萍乡市以中科光伏多晶硅项目、武功山风力发电项目为核心,以扩大多晶硅、风力发电产能为基础,重点发展太阳能级硅材料、下游光伏产业及风能产业,并加大推进太阳能电池专用材料、配套产品、光伏系统集成等相关产业的发展。其次是新材料产业。发展纳米材料、信息材料、抗磨材料、稀土、特种纤维及节能墙材等新型材料,全面提高材料工业整体发展水平。再次是电子信息产业。以嵌入式软件系统研发及应用为重点,发展新型光电子元器件、电子医疗器械、汽车电子、智能化仪器仪表、称重电子等产品,创造条件促进集成电路产业发展,培育形成电子信息产业集群。最后是发展生物医药产业。着力开发拥有自主知识产权的生物制药、纯天然植物类药物及化学合成药物等,加快新型医药研发创新平台及生产基地建设,以心正药业、高升生物、欧凯制药等企业为龙头,形成以医药制品为主的医药产业集群。

高技术产业增长极的特征是：（1）以专业化分工与协作为基础，提高生产效率，有利于资源优化配置；（2）企业组织的空间相邻与聚集使企业之间、企业与相关实体之间的联系不断增多，使信息以最快的速度在企业间进行传播，为企业节省交易和信息费用，降低成本并形成聚集经济；（3）产业群内各行为主体（包括企业、知识生产机构、中介服务机构、政府部门等）之间存在稳定的技术和经济联系，在此基础上，通过各种契约结成长期稳定的正式合作关系。

高新技术产业具有极强的产业关联性和创新性，得到国家政策支持，同时萍乡市自身具有较好的工业发展基础和基础设施环境，加上引进人才和与高等院校合作，高新技术产业的发展已经在萍乡市呈现出良好势头，在萍乡市产业转型中发挥了先导作用。2009年前三季度，在江西省各设区市的高新技术产业发展中，萍乡市实现增加值39亿元，占江西省9.5%，列第三位；吉安、萍乡、抚州三地增长居江西省前列，增加值增速分别为41%、38.5%和32.6%；新余、萍乡、景德镇三地高新技术产业对当地国民经济发展的贡献尤为突出，高新技术产业增加值占GDP的比重高于江西省平均水平，分别达17.1%、13.4%和9.2%。

（二）机械制造业与汽车制造业的基础性作用

机械制造业本身能够广泛地完善和运用传统的和新的工艺，能够建造和运用高效率的、自动化的工艺设备，能够过渡到当代先进的劳动、生产和管理组织形式，因此在高度发达的工业国家里，机械制造业通常比国民经济的其他部门以更快的速度发展。机械制造是高科技转化为现实生产力的重要手段和产业载体，具有高技术化、集成化、智能化的发展趋势，在一定意义上，代表着先进生产力的发展方向。高新技术产业的发展有赖于机械制造产业来实现。机械制造产业的发展潜力，特别是一些大型设备的制造能力，是反映一个地区综合实力的因素之一。

萍乡市的机械制造业从萍乡矿山机械修理厂起步，发展成为一个囊括了矿山机械、机床、通用机械、陶瓷机械、农业机械、纺织机械等多种门类的庞大的机械制造工业体系。该产业技术人员多，门类全，有一大批素质高、能力强、工作热情高的管理者队伍。机械制造产业增长极的特点是，它与冶金、陶瓷、煤化工等产业有着紧密的关联性，易形成前后关联的产业链，它的生产技术的改进又可带动一大批中小企业不断更新技术，改善经营管理，提高生产效率，扩大规模，最后围绕机械制造业形成具有竞争优势的产业集群。

汽车制造产业的增长极特征是，产业关联度高、拉动面大并能不断吸收现代科技成果。汽车产业与国民经济的很多部门联系密切，更重要的是其中间投入和价值转移的比重很大，因此汽车工业的发展既依赖于很多产业部门，也对整个工业的发展具有很大的带动作用。除了对本行业的零部件与配件制造业的影响外，它对金属冶炼、压延加工业以及商业的直接影响较大，对服务业中的金融、保险、法律咨询、产业服务、科研设计、广告公司等的间接影响也较大。汽车产业不仅解决了大量的直接就业，而且带动了很高比例的间接就业。汽车制造业属于萍乡市的传统非煤产业。萍乡市安源客车厂始建于1969年，曾经是煤炭部客车定点生产厂。近年来，安源客车厂不断进行技术创新，产品畅销全国20多个省市，占国内大客车市场份额的7.8%，占上海外来客车市场份额的20%，还跻身北京客车市场。无锡安源汽车公司是安源客车在无锡投资兴建的高档豪华客车出口生产基地，是中国客车领域中的一支新锐，经过2年的运作发展，已形成12大系列100多个品种，产品走向了国外市场。

（三）旅游业的支撑作用

旅游业在萍乡市产业转型中起到强大的支撑作用。在萍乡市，旅游业有着得天独厚的条件，萍乡市历史文化旅游资源十分丰富，是旅游发展的重要依托。萍乡的历史文化旅游由以下几类旅游资源构成。

（1）煤炭工业遗迹。萍乡煤矿见证了中国近现代工业的发展。在这里诞生了中国近代第一个大型企业集团汉冶萍公司，也留下了许多近代煤炭工业生产经营的遗迹。此外，煤矿开采过程中形成的井工系统和配套辅助设施等矿山遗迹，自始建至废弃，历经数十年的改造和完善，其中蕴藏着丰富的科技和历史文化内涵。工业遗迹开发成为旅游区在国外已被多次尝试，都收到了极好的社会效益和生态效益。不少国家成立专门委员会负责保护历史较久的工业遗址。这些遗址多数历经百年，里面的各种设施极具考证价值、文物保护价值和旅游价值。

（2）革命历史遗迹及纪念馆。安源路矿工人大罢工及秋收起义，是我国工人运动史和中国工农武装发展史上极为重要的历史事件。萍乡市大量的革命遗迹，如安源路矿工人俱乐部旧址，安源烈士陵园和烈士纪念碑、芦溪卢德铭烈士陵园以及秋收起义广场等革命纪念地，共同构成了萍乡丰富的红色革命旅游资源。

（3）非物质文化遗产资源。古老的萍乡傩文化以"傩庙、傩面具、傩舞"三宝俱全而蜚声海内外。萍乡市现存有清代的傩庙多处，清代以前的傩面具逾三百件。丰富的傩文化遗产曾引来国内外专家的关注。萍乡的傩文化历史悠久且保存完整，地方特色极为显著。

（4）山水文化旅游资源。武功山道家历史悠久，山水秀美；杨岐山则是中国佛教禅宗五家七宗之一的杨岐宗禅宗发祥地。萍乡宗教文化源远流长，并与自然风光相得益彰。武功山已开发成为国家级地质公园，有南方少见的大面积高山草甸和佛道古迹等风景名胜，是湘赣边界重要的旅游目的地之一，且具备了发展成为国内一级旅游目的地的潜力。

旅游业的推进性特征是具有较强的产业关联性和地理区位优势，它能为产业转型注入持久动力，是经济社会可持续发展战略的要求。故而立足萍乡市矿区资源的旅游业，是具有增长极功能的产业，可为萍乡市经济社会的发展提供强大支撑。萍乡矿区的旅游文化融矿冶文化、山水文化和红色文化于一体。现代化的大型采矿企业的大型生产设备，先进的管理组织制度和矿山的历史文化积淀等是传递工业科技与文化的主要载体，同时矿体结构、地质构造构成了矿区独特的自然景观。因此，矿山生产场景与遗址是矿山旅游产品开发的主流。将矿区资源变为旅游资源，也符合循环经济的理念，是资源再利用的新途径。矿城旅游业的开发在我国属于前期阶段，是一种新型的旅游产业。积极开发矿城的旅游资源，对治理矿区的生态环境，保护珍贵的矿业遗迹，促进矿城的产业转型等有着重要的意义。

四　萍乡市增长极开发模式的极化—扩散效应解析

增长极理论阐明了经济发展是增长极与周围区域之间不断

发生经济集聚和扩散的过程。增长极首先形成于特定的产业和区域空间，再通过极化效应聚集各种生产要素，扩大与周围区域的经济差距，然后极化中心通过扩散作用向周围区域进行经济技术扩散。因此，增长极按照时间延续过程，可以分为核心区、示范区和辐射区。而在空间上形成的集聚经济仍是"点—线—面"的布局形式。极化中心在与周围地区的经济技术联系上起着组织核心的作用，支配着区域内经济活动的空间分布与组合。

（一）点：极核的形成

萍乡市的核心区和示范区，即是以萍乡经济开发区、安源区为主的中心城区。萍乡市一直强化"一核"，即把萍乡经济开发区、安源区为主的中心城区建设成为核心增长区和示范区。萍乡经济开发区和安源区是萍乡市地理位置、社会经济发展、人口和产业分布的核心区域，各项基础设施相对完善，已具备较好的发展基础。中心城区的发展突出新型工业化、新型城市化，旧城改造与新区建设并举，依托现有优势发展先进制造业、现代服务业和特色农业，实现由以煤炭工业为主导的"地下"产业向产业链中下游的"地面"接续替代产业转型。特别是安源区加强生产要素聚集，增强金融、信息、贸易、科技、教育、文化等服务功能，提高安源区的产业、人口、资源集聚功能，提升安源区对周边区县的辐射和带动作用，形成了特色鲜明、技术水平高、配套能力强、开发程度高的经济增长极。而这个增长极中的推进型产业高新技术产业、机械制造业和汽车制造业，延长了传统产业的产业链，突破了旧的发展模式，吸引了大量的外来资本，将在本区形成巨大的极化效应。

(二）线：增长轴的形成

在极化效应的作用下，通过物流、资金流、信息流、人才技术等要素的优化配置，公路网、铁路网等交通枢纽的传播扩散，以及政府发展县域工业经济的政策，会进一步形成地区经济的"增长轴"。萍乡市即将形成的极具区域特色的经济增长轴有如下几个。

（1）320国道工业走廊：是萍乡市产业转型的"主轴"，即以320国道为主轴、并行浙赣铁路和沪昆高速的三条干线，自东向西从中部横贯萍乡，沿线覆盖芦溪、安源、开发区、湘东四个县区，是萍乡市现有工业的主要集聚区，已基本形成一条初具规模的工业走廊，重点建设陶瓷、光伏、冶金、机械等产业。

（2）一区五园二十个产业基地：以工业园区为工业发展主平台，按照工业园区化、产业集群化的发展要求，依托重点发展产业，把产业集中、集约、集聚发展作为提高工业经济核心竞争力的有效途径，加速形成"一区五园二十个产业基地"的格局。"一区"即国家级萍乡经济技术开发区，"五园"即建设五个省级工业园区。在现有芦溪工业园和莲花工业园的基础上，将安源区经济转型产业基地、江西萍乡陶瓷产业基地、江西省动漫产业基地等三个省级产业基地全部建设成为省级工业园区。"二十个产业基地"即打造开发区的洪山新能源产业基地、清泉生物医药食品产业基地、高丰汽车及零部件产业基地、万新国家新材料产业化示范基地、上柳源非金属材料产业基地、白源金属材料产业基地；安源区的安源经济转型产业基地、江西金属新材料产业基地、赣西玻璃产业基地；湘东区的江西萍乡陶瓷产业基地、包装彩印产业基地、铝业基地、大江边金属加工基地；芦溪县的电瓷产业基地、中科光伏新材料产业基地、华能特色产业基地、宣风生物产业基地；上栗县的国家新型材料产业基地、江西省动漫产业生产基地、现代花炮产业基地；莲花县的特种冶金材料基地、电子元器件产业基地。

（3）萍乡—新余经济区增长带：即萍乡市、新余市、宜春市和吉安市，均分布在浙赣铁路和京九铁路沿线。浙赣铁路沿线城市是江西煤炭、钢铁、电力的主要生产基地。新余的钢铁和建材，萍乡的煤炭，宜春的机械化工和食品工业在全省占有重要地位。这些地方都是江西重要的原材料工业基地。建设萍乡—新余经济区，推进萍乡、宜春、新余和吉安组团式赣西城市群向经济一体化方向发展，围绕钢铁、煤炭、机械、电力等优势产业提高规模效应，可形成优势互补、特色鲜明的城市经济发展格局。在交通方面，以浙赣铁路、沪瑞高速公路、320国道为纽带，以带状分布的3个区市为复合中心，发挥城市群体功能优势，加强与长株潭经济圈的经济联系，并逐步向云、贵、川、渝等地区拓展，可使之成为联系中西部地区的桥梁，扩大与西部地区经济交流与合作的范围。

（三）面：区域经济一体化趋势

通过经济增长轴的外延，轴上的每一经济单元与轴外其他区域经济网络联系，将更大空间范围内的更多生产要素进行优化配置，可促进更大区域内经济的发展，实现城乡一体化直至区域经济一体化。萍乡经济首先必须实现区域经济协调发展，在突出中心城区新兴城市化的基础上，做大做强县域工业经济，形成区域经济一体化、地区优势充分发挥的新格局。其次，在工业发展、市场共享和提升城市品位等方面，萍乡要加大与长株潭经济圈对接的力度，融入长株潭经济圈，发挥江西与湖南省际纽带的作用。最后，萍乡要接轨长三角和泛珠三角经济圈。长三角与泛珠三角经济圈是萍乡经济走向世界的窗口，其健全、开放的市场经济有利于萍乡更好地融入世界市场。早在2008年，包括上海、江苏、浙江、江西与安徽在内的泛长三角"3+2"区域经济发展模式就得到了普遍认可。中部城市积极融入长三角经济合作区，加强经济互补，实现区域分工与协作已是大势所趋。在这样的时代背景下，萍乡市加强专业化发展，突出比较优势，积极融入外向型经济，充分利用萍乡市资源丰富、劳动成本低廉的优势，主动承接沿海发达地区的劳动密集型加工制造业的产业转移，大力引进各种先进的设备，发展科学技术，更新管理理念，加快产业的优化升级，推进沿海产业的本土化发展，使萍乡经济成为经济腹地中重要的一环。

第四节 萍乡市产业结构调整与城市转型应注意的几个问题

一 科学谋划城市定位及城镇空间发展框架

（一）城市定位

城市定位是城市发展的指南。一个城市要发展就必须在发展目标、主导产业、城市特色等方面明确定位，不断完善产业分布、功能分区、功能设施配套服务。比如，东莞以信息和物流为主导产业，惠州以电子信息制造为主导产业，深圳以设计为主导产业。这些城市都在城市定位的引领下实现了可持续发展。

萍乡作为资源枯竭转型试点城市，与其他资源型城市的共同特点是资源逐步枯竭，环境破坏严重，依托资源型产业发展的路子越走越窄，经济结构失衡。因此，城市定位应主要考虑彰显城市个性、突出城市特色，着力实现可持续发展。一方面要利用好本地的自然资源、人文资源、环境空间；另一方面要充分考虑资源枯竭带来的产业发展、就业创业、生态环境和社会稳定方面的压力。综合以上分析，萍乡的城市发展规划可定位为：将萍乡建设成江西省重要的新型工业城市；湘赣边界重要的以商贸、旅游、文化和现代服务业为重点的消费型城市；湘赣边界重要的中心城市。

（二）城镇空间发展规划

萍乡的城镇是由多个分散的、相对独立的工矿城镇逐步发展起来的。城镇结构不合理、职能定位不明确、分工协作不畅、公共服务设施不完善，是当前城镇体系中较突出的问题。这在资源型城市中有典型意义。结合学习珠三角城市规划理念，萍乡市城镇空间发展规划要坚持聚焦发展，梯度推进，着力实现"三个拓展"。一是由分散式向组团式拓展。建立中心城市—次中心城市—重点镇——般镇的四级城镇结构体系，建立"一主、一副、多中心"的城市发展空间框架：以萍乡市安源区、萍乡经济开发区为主体的主城区、以湘东区为主体的副城区，以及周围的重点城镇形成组团式城市空间结构。通过组团式的城镇空间布局，协调城镇发展与生态保护的关系，协调生产力在区域中合理布局。二是由工矿区向都市区拓展。加快生态修复和煤矿采空区改造，突出建设由"一主、二副、六片"组成的萍乡都市区，包括一个中心城市，两个副中心城市（萍乡市芦溪县、上栗县）

和六个各具不同职能和特色的城镇片区。通过培育都市区，促进中北部城镇一体化发展，逐步实现城乡一体化。三是由以老城区为主，向以新城区为主拓展。按照"南延北拓"的理念建立新城区，南延即在萍乡市安源新区和五陂镇一带建立新城镇，北拓即以新行政中心为核心建设新城区。通过科学、合理地协调城区重大基础设施和生态建设，实现全市经济、社会可持续发展。

二 系统优化城市专业规划

一是优化产业结构。不合理的产业结构、资源型城市的本质、粗放型的发展模式决定了萍乡市的经济转型必须以产业转型为主导，做到"三个转变"。一是转变产业结构，由以第二产业为主向一、二、三次产业协同拉动转变；二是转变发展方向，由单一的传统产业向提升传统产业和培植新兴产业相结合转变；三是转变发展方式，由粗放型向集约型转变，由片面追求经济增长向全面协调可持续发展转变。萍乡市按照"三个转变"的要求，紧密对接国家和省战略性新兴产业规划和政策，将重点发展"新材料、新能源、生物医药、先进装备制造、电子信息"五大战略性新兴产业。新材料产业重点抓好龙发实业、光伏玻璃、飞虎炭黑、永安特材等一批项目；新能源产业重点抓好赛德能源、日普升太阳能、华能电厂等一批项目；生物医药产业重点抓好大地制药、希尔康泰等一批项目；先进装备制造产业重点抓好安源客车、南翔重工等一批项目；电子信息产业重点抓好兆隆电子、捷英达电子等一批项目。到"十二五"末，力求五大战略性新兴产业实现主营业务收入1610亿元的目标。我们要把这些产业项目打造成为萍乡城市转型的生力军。

按照产业规划的要求，萍乡市将举全市之力，抓好"一区五园二十个产业基地"项目。以"一区五园二十个产业基地"为主平台，做大做强一批年主营业务收入超百亿元的特色产业基地，把"一区五园二十个产业基地"打造成产业聚集度高、特色明显的工业发展示范区。到 2015 年，力求萍乡经济技术开发区实现产值 1000 亿元，安源工业园和产业基地实现产值 550 亿元，湘东工业园和产业基地实现产值 450 亿元，芦溪工业园和产业基地实现产值 400 亿元，上栗工业园和产业基地实现产值 450 亿元，莲花工业园和产业基地实现产值 150 亿元。

二是做好城市综合交通规划。从区域、市域、城市三个层面科学布局城市对外交通、市域交通和城市交通。对外交通要协调与各大经济区联系的重大交通设施布局，强化萍乡市的区位优势。市域交通重点是研究制定市域内城镇间的交通系统，通过交通系统引导和支持实现规划的城镇关系，引导和支持产业和经济发展。建设以高速公路、城际快速道路、国道、省道为主体的市域交通框架，促进都市区和城乡一体化发展。城市道路网络规划应顺应城市的空间形态，与城市用地布局相协调，形成功能明确、结构清晰、可达性强的道路网络。优先发展公共交通，加强物流集散地、公共停车场等交通设施的建设。

三是做好以给排水、燃气、电力、通信为主体的市政基础设施网络规划。萍乡市是水源性缺水城市，在城市水网规划中，必须考虑雨水、中水的利用。强调在城市排水系统规划中实行"雨污分流"机制，规划中水回用系统，提高雨水、中水的利用率。城市燃气规划关键是选择城市气源，生活用气优先使用天然气等清洁能源，工业用气可利用煤气，特别要保护燃气安全。电力工程规划要合理、适度超前地预测电力负荷，科学布局电力设施和电力线路网络。预留高压走廊，在城市重要地段尽可能采用地埋方式。通信工程规划重点是管网布置和选择管道方式。由于城市多家通信公司和广播电视数据传播的需要，通信线路种类数量丛多。规划要集约化利用道路下空间，预设综合通信管道，一次性建设。建立市政府主导下的市政基础设施网络建设的投融资建设、有偿使用机制，提高其运行质量和效益。

三 快速提升城市核心竞争力

城市核心竞争力是以城市发展的质量、效率和潜力衡量其获得外界发展机遇和加快自身发展的能力。当前，萍乡市的核心竞争力还不强，须从如下几个方面努力，着力打造"理念最新、体制机制最活、效率最高、环境最优、创新能力最强"的城市核心竞争力。

一是弘扬人文精神。着重彰显以安源红色历史文化为依托的"义无反顾、奋力拼搏、团结奋斗、敢为人先"的安源精神，彰显以近代工业文明为根基的"开明开放、求实求新"的城市精神，不断丰富内涵，焕发时代光芒。这是打造城市核心竞争力的核心。二是推进"效能政府"建设。建立开明开放、高效透明、服务型政府，规范政府行为，建立能够保证推进城市核心竞争力成长的体制机制，使政府效能最高，发展环境最好。三是推进创新型城市战略。把提升产业竞争力作为提升城市竞争力的重要方面来抓，着力加快体制创新、科技创新步伐，转变经济增长方式，提升传统产业，培育新型产业，不断提高萍乡产业的竞争水平。四是推进城市人才战略。着力加强人才资源的发掘、引进和培养，加强对市民的素质教育，培育市民的文明素养，着力塑造"新萍乡人"，培养一支能够保证城市核心竞争力形成的人才队伍。

四 全面彰显城市特色

城市特色是一个城市区别于其他城市的独特个性与魅力，主要包括如下两个方面。

（1）城市功能特色：萍乡市的城市功能特色要紧紧围绕城市定位进行塑造。一是依托交通区位优势，对接长株潭城市经济圈，构建长江以南的华东与中南、西南的物流集散中心；二是面向赣西和赣湘边界区域的未来发展需求，构建区域性金融中心、信息中心和新技术孵化中心；三是构建赣湘边界区域民俗文化、现代演艺文化、旅游文化中心。

（2）城市空间环境特色：萍乡市城市的空间环境存在自然生态环境良好和资源产业污染严重的矛盾，城市空间环境特色的塑造要贯彻在人工环境设计和自然环境改造上求突破的方针，通过规划的杠杆作用，充分保护利用好现有自然生态资源，加强对环境污染的治理改造。一是体现山水园林特色。充分利用创建国家园林城市和国家文明城市的契机，采用组团型城市空间结构，山、水有机融合，形成城在山中、山在城中、水绕全城的独特城市风貌。建设"一核六廊一环"的绿色生态系统，彰显"锦峰秀水萍实里"的城市环境意境。二是体现历史文化特色。建设以安源为主体的近代工业历史遗存、风貌区和矿山公园，保护和整理以南正街为主体的历史文化街区、风貌区，保护孔庙、宝积寺等一批历史文化遗存，使城市的历史演进痕迹在城市中得到传承，使萍乡独特的特色得以诠释。三是体现现代都市特色。建设以新城区为主体的现代城市风貌区，彰显现代城市魅力，形成现代与传统交相辉映的城市风貌特色。

五 培育增长极过程中防止出现飞地经济

飞地经济是指推进型单元将形成产业链和增长中心过程中产生的经济效益在本区之外的地方实现，即新兴的产业集群并没有体现出对本区的贡献。作为远距离辐射的增长极，它已成为孤岛或飞地，在封闭的系统内运转。在缺乏社会性和专业化协作的条件下，这样的嵌入式增长极很难适应本区规模经济的要求。另一种情况是，政府通过计划和重点投资建立起的增长极及其后的自组织过程，被严格的计划体制所隔断，与当地的产业结构表现出极大的分离。这类增长极与当地的传统工业结构形成了二元经济形态，使企业间的连锁作用、扩散作用都不能发挥出来，也就很难谈得上带动周围企业和地区发展。例如，我国"三线"地区的许多现代化企业就属于飞地经济，主要原因就是这些新建的大型现代化企业和当地传统的落后的企业之间出现产业链的断层和连锁效应的中断，同当地产业没有发生紧密的联系。两者在产业规模上、生产技术上相差悬殊，无法形成本区产业链，也就无法带动其他产业的发展，也无法为增长极所在地区创造就业机会。

萍乡市增长极的成长进程要避免这一问题出现，关键就在于掌握和实现不同区域社会经济背景中增长极的不同形式，把区域政策和产业政策结合起来，不失时机地加速萍乡市推动型产业的地方化。建立新的增长极时要明确其建立的具体条件，对区位因素和地域环境的具体要求，注意挖掘推进型产业的前向、后向联系紧密的产业部门的生产潜力，了解初始规模和部门构成以及它们之间的相互依存关系。

六　发展外向型经济中要注意度的把握

在扩大区内产业集群规模和发展本区特色经济时，要努力增强极化效应，加快资金的积累，使本区的产业增长极得以发展壮大，将外部经济效应同自身的优势条件相结合，通过引进较为先进的技术，对有优势的支柱产业和高加工度、高附加值产业进行大规模开发，重点发展高新技术产业，达到超越某些传统阶段、加速改革和发展进程的目的。

在对接外部经济时，要努力增强扩散效应，减少回流效应。例如，在对接长三角经济圈时，应根据自身的优势和特点，正确把握核心和外围的关系，明确融入长三角经济圈的定位和切入点，承接溢出效应，接受经济辐射，推动经济总量的迅速扩张，加速萍乡经济的"起飞"。同时，适时采用反梯度推移战略，防止劳动力、人才、资金和技术过度由腹地向长三角经济圈流出，阻碍萍乡经济的增长，应充分发挥自身的比较优势和区位优势，如劳动力、水电气、土地等生产要素价格相对较低的优势，与长三角经济圈形成互补经济，加快区域经济一体化进程。

七　产业转型中进一步降低成本

增长极中会出现一个临界点。当地区产业集聚到一定程度时，由于劳动力价格上升，地价上升，推进型产业的生产成本增加，边际收益率出现明显降低的趋势，会导致推进型产业在该地区的效益下降。因此，在培育和发展增长极的过程中，要防止企业部门之间的过度竞争，防止同类型企业因政府优惠政策和财政的大力扶持而盲目扩大生产规模，造成生产资源的浪费。如果依靠"高负债"融资，一旦资本运营的链条断裂，将可能抵消多年的发展成果。因此，应密切跟踪推进型产业的发展阶段，适时进行战略调整。煤矿城市产业转型过程的长期性决定了转型目标的阶段性和可控性。在每一个阶段之内，也存在若干个战术目标，应以战术目标的实现来保证整体目标的实现。推进型产业成长的过程，就是以阶段性目标来规划、完成的过程。在过程的中后期及完成期，尤其要注意控制集聚型产业的生产成本，保证其在这一地区的生产效益和发展潜力，最终达到推进型产业与本地经济合为一体，实现经济发展的长远目标。

八 产业转型的成功需要有效发挥市场机制的作用

从根本和长期看，对资源枯竭型城市，仍需要发挥市场机制的作用。如果在市场经济条件下，政府继续对经济资源进行控制，过多运用优惠政策刺激产业转型，如返还土地出让金、税收优惠等，那么被列入政府发展规划的推进型产业和项目，可能被短期利益最大化的企业过度追求。这些企业可能会盲目扩大规模，但最终的产业竞争优势并不明显。产业转型也是一次城市经济资源的再配置。煤矿城市产业转型是因为煤炭资源枯竭，但并不是所有的生产要素都枯竭。转型就是要重新组合现有的生产要素，发展成为新的产业。过去，资源城市一般实行政府行政和资源型企业合一的市政管理体制，政企合一现象十分突出。在这种情况下，政府职能与资源开采、生产辅助系统、后勤保障系统融为一体，资源配置和生产要素组合都是按照国家计划完成的。在进入市场经济的今天,市场在资源配置中发挥着基础性作用,企业是基本的经济活动单位,也是独立的经济主体。城市的产业转型离不开企业的生产模式和管理体制的转型,市场调节就是使企业真正成为独立的市场主体,具有自主经营、自我发展、自负盈亏、自我约束的法人特征,由企业承担和完成产业升级和结构调整的重任,进行开放性的市场竞争,最终实现产业转型的目标。如果能通过研究掌握市场经济在城市产业转型中的运行规律,实施转型战略,顺应市场机制,有意识地、前瞻性地处理市场机制运行中的问题,将会有力地推进资源枯竭型城市的产业转型,减少转型过程中的社会成本。

第五节 优化萍乡市产业结构的对策建议

加快城市经济转型,是资源型城市和老工业基地的一项紧迫任务。江西省萍乡市是一个有着一百多年历史的老工矿城市,素有"江南煤都"之称。改革开放 30 年来,萍乡市的经济虽然有了较快发展,但产业结构不合理、过度依赖资源等问题非常突出。因此,萍乡市应以深入贯彻落实科学发展观为契机,把城市转型作为当前和今后发展的战略重点,大力推进全方位、多层面的经济转型,努力走出一条符合科学发展观要求的转型之路。

一 科学引导十大产业集聚发展

深入贯彻落实科学发展观,按照"城市转型"和"产业兴市"的战略部署,以"一区五园二十个产业基地"为载体,进一步优化工业产业布局,建立健全服务保障体系,着力完善产业推进机制，科学引导十大产业集聚发展，壮大产业规模，提升核心竞争力，实现全市工业经济量的扩张和质的提升，为萍乡经济社会发展提供坚实基础。

（一）强推产业转型升级

（1）积极改造提升传统优势产业。建材产业推动水泥工业技术改造，加快水泥工业绿色发展，发展新型特种玻璃，推广玻璃制造深加工制品；陶瓷产业积极承接建筑陶瓷业梯次转移，开拓工业陶瓷应用的高端领域，完善电瓷产业链；煤炭产业着力推进煤炭深加工利用，延伸产业链条，形成较完整的煤炭及煤化工产业集群；烟花鞭炮产业全面推进企业生产流程机械化，加快推进仓装、仓储、物流、燃放等相关配套产业，帮助骨干企业向"集团化、规模化"的内涵式道路发展；冶金业走精深加工提高附加值，特别是与先进装备制造业有机结合的发展道路。

（2）大力培育发展战略性新兴产业。鼓励科技创新，依托现有新材料产业基础，重点发展特种材料及应用产品；新能源产业重点发展太阳能硅料—硅片—电池—组件等各个生产环节的生产；先进装备制造产业大力推广应用现代信息技术，提高企业自动化、智能化水平；生物医药产业积极与国内知名医药企业合作，加快新型医药研发创新平台和产业基地建设；现代服务业重点发展为制造业、流通业服务的第三方物流，形成趋于合理、平衡、协调，更具竞争力，更有发展后劲的现代产业体系。

（二）科学规划园区基地

强化园区、基地基础设施支撑，优先建设基础设施类项目，加强集聚区之间的交通连线建设，完善集聚区内部运输通道和综合枢纽的布局。构筑高速信息网络，加快建设统一的园区基地电子政务平台。建立安全、可靠、清洁、高效的产业园区基地能源保障体系。选择重点开发区块，编制好功能分区规划，实现有序实施、快速推进，确保重大项目持续建设。工业园区和产业基地的开发建设，必须严格按照依法批准的总体规划和控制性详细规划，切实维护规划的权威性和严肃性。

（三）引导产业聚集发展

根据园区基地产业准入要求和区域产业基础，围绕产业集聚区的产业定位与发展方向，加强产业链招商，以符合发展趋势、具有高成长性的产品或产业为突破口，强化传统优势产业，加强战略性新兴产业项目的招商引资。结合要素资源和环境容量的实际，严格行业准入标准，审慎选择发展项目，优先安排科技含量高、节能节水无污染的工业企业入园发展。统筹区域间产业的联动发展，继续坚持"四个对接"，引导企业向产业链的高端升级延伸，推动行业龙头骨干企业做大做强，提高产业集中度，培育地方优势产业。

二 大力发展服务业

当前，服务业的发展面临着前所未有的挑战，肩负的任务异常艰巨。从外部环境看，由美国次贷危机引发的金融危机对实体经济的影响还没有结束，国内经济也遭受了冲击，对萍乡市服务业的影响正在逐步显现。主要体现在：国际市场需求萎缩，国际贸易保护主义加剧，7月份萍乡市外贸出口同比下降50.5%；境外企业采取投资和生产收缩战略，利用境外资金难度加大；经济和城乡居民收入增长放缓，整个社会消费的增长和市场的活跃受到制约。从自身发展看，萍乡市服务业规模小、起点低的局面尚未彻底扭转。

但是，危机中也蕴含着机遇。金融危机形成的"倒逼机制"，将会加快萍乡市产业转型升级，国家实施的"万村千乡市场工程""双百市场工程""家电下乡推广工程"以及江西省加快发展服务业政策的出台为进一步扩大内需、拉动消费，促进服务业发展提供了难得的机遇。萍乡人民一直较为旺盛的消费欲望没有因为金融危机而消退，1~9月份全市社会消费品零售额为92.65亿元，同比增长18.7%，增幅居全省前列。为加快服务业的发展，市委市政府即将出台《关于加快发展萍乡现代服务业的实施意见》。这将成为服务业转型发展的新机遇。

总体上看，目前机遇与危机并存，机遇大于危机。如何在危机中发现和捕捉机遇，在逆境中培育和创造条件，充分利用各方面的优势和有利条件，实现全市服务业的跨越式发展，关键是要做到"围绕一个发展目标，抓住两个关键环节，把握三个重点领域，正确处理四种关系"。

（一）围绕一个发展目标：即围绕服务业增规模、优结构、创特色的发展目标

大力发展服务业。到2015年，全市服务业增加值年均增长18%以上，由2008年的112亿元递增到360亿元；新增就业人员占全社会新增就业人员的比重达到35%以上；增加值占全市生产总值的比重由2008年的29%增加到35%。该市已初步建立起品牌优势突出、集约化程度较高、与现代制造业相配套的特色服务业体系。

（二）抓住两个关键环节：即抓住服务业发展中的项目建设和环境发展两个关键环节

（1）要抓好项目带动，增强发展后劲。项目是各类经济活动的最终载体，工业离不开项目的支撑，服务业同样离不开项目的支撑，必须紧紧抓住项目建设这一龙头。要建立服务业的重点项目库，强化对重大服务业项目建设的组织协调，逐步实现"规划一批、推进一批、建设一批、储备一批"。建立重点项目领导挂点制度，对市级重点服务企业和每年提出重点推进的服务业大项目，安排市级领导专门挂点联系，明确建设期限，落实责任目标，定期调度，及时解决问题。要紧紧抓住国家鼓励发展服务业的利好时机，积极向上申报项目；对已经申报的项目，要盯紧盯实；对通过审批的项目要加快建设进度，争取早日投入使用。

（2）要简化行政审批，优化发展环境。建立长效机制，从三个方面来优化发展环境，为服务业的做大做强做优，营造优良的政务生态环境。一是放宽市场准入。放宽行业领域准入限制，放宽注册资本限制，放宽经营场所登记条件。总之，只要在国家法律、法规的框架之内，就可以自由地发展服务业。二是加大资金扶持。不但要落实国家现有的财税优惠政策，市、县（区）财政还要拿出资金来设立服务业发展专项资金，引导重点行业和领域发展。对现代服务业示范企业、著名商标等，要根据不同的贡献给予财政奖励。行政机关及全额拨款事业单位优先采购本地知名品牌服务产品。三是简化行政审批。在用地、行政审批、收费等方面给予服务业更加优惠的条件。

（三）把握三个重点领域

（1）坚持以壮大工业经济为依托，加快生产领域服务业的发展。生产性服务业作为现代服务业的重要组成部分，是最具活力和发展前景的服务业领域，特别是当工业经济发展到较高水准的时候，为工业生产配套的生产性服务业就会成为支撑经济发展的重要产业。一是大力发展现代物流业。着力打造"一个枢纽、四个园区、六个物流产销信息平台"，即以姚家洲火车站为基础，建设萍乡铁路、公路联运交通枢纽；加快建设赣西机械建材物流园、市集装箱中转站、硖石钢铁产业物流园、上栗烟花爆竹仓储物流园等4个园区；打造烟花鞭炮物流信息平台、建材物流信息平台、煤炭物流信息平台、工业电瓷物流信息平台、化工填料物流信息平台、农副产品物流信息平台6个信息平台。二是规范发展中介服务业。改造提升传统中介服务业，加快发展新兴中介服务业，重点培育为生产企业提供融资、担保、产权交易、货运代理等服务的生产性中介服务业及行业自律组织，促进中介平台在规范中发展，在发展中规范。三是加快发展科技平台。加快六大产业技术创新平台和三大区域科技创新服务平台建设，用5年左右的时间建好10~15家科技创新平台。四是积极发展金融保险业。加快金融机构引进步伐，吸引各大银行、投资公司、保险公司等在萍乡市设立机构、拓展业务，促进金融服务业发展。到2015年，争取全市存贷款余额分别达到620亿元和380亿元；保险业年保费收入达到20亿元，保险深度（保费收入/国民生产总值）和保险密度（社会人均保险费）不低于全省平均水平；争取上市公司总户数达到3家，累计融资超过20亿元；基本建立起诚实守信、资金流动畅通、经济金融和谐发展的金融生态环境。

（2）坚持以完善城市功能、提高城市品位为目标，加快生活领域服务业的发展。生活性服务业与群众生产生活密切相关。要在鼓励充分竞争的基础上，按照方便群众的要求，积极运用现代服务技术、经营方式和管理手段，加快发展生活性服务业，更好地满足人民群众多层次、多样化的消费需求。一是加快发展商贸流通业。进一步完善商业网点建设规划，加快老城区商业网点改造和新城区商业设施建设，着力引进现代商业业态，积极发展综合商场、连锁经营、大型超市、省级代理专卖店等现代经营方式，进一步完善城乡商贸网络，推进商贸业现代化步伐。力争到2015年，实现社会消费品零售总额超过400亿元，引进和培育5~6家销售额超亿元的大型流通企业集团和5~8家销售额超5000万元的中型流通企业集团，积极培育一批大型涉农商贸企业集团，初步形成具有萍乡特色的商贸体系。二是加快发展旅游文化产业。着力开发武功山绿色旅游资源、安源红色旅游资源和以萍乡傩文化、杨岐普通寺佛教文化为主的古色旅游资源，重点做好武功山、安源、杨岐国家4A级旅游景区以及明月湖国家级水利风景区建设。努力培育1~2家大型旅游商品销售市场和1~2家国内知名的星级旅行社。到2015年，实现旅游收入100亿元，接待国内旅游人数突破1200万人次，同比增长20%，把旅游休闲行业做成萍乡市的一个支柱产业。三是加快发展特色餐饮业。一方面吸引成名、成熟的品牌连锁餐饮企业到萍乡开设分店，不断提升餐饮业档次和水平。另一方面，要积极支持本地特色餐饮业发展，加大包装、宣传、推介力度，提高萍乡市餐饮业的知名度和美誉度。到2015年，力争实现餐饮住宿业销售总额

40 亿元，培育 2~3 家年营业额超 8000 万元的大型餐饮企业。四是加快发展房地产业。重点发展普通商品住宅，加大经济适用住房和廉租住房建设力度，规划、建设一批房地产开发重点项目、精品项目，满足不同收入家庭的住房需要，在稳定价格的基础上促进发展，使其成为推动萍乡市经济发展的新亮点。力争到 2015 年，全市房地产业增加值年均增长 8%，城区人均住宅建筑面积达到 29.5 平方米，实现房地产销售收入 20 亿元，房地产业税收占地税总收入的 18%；培育 20~30 家具有较强实力的房地产开发公司。五是加快发展现代通信信息产业。着力调整信息产业结构，加快基础网络设施建设和信息资源开发利用，大力发展以互联网、移动通信网、数字有线电视网、无线宽带网络为载体的新型服务业态。力争到 2015 年，全市信息服务业销售收入达到 10 亿元，年均增长 9% 以上，互联网用户达到 33 万户。六是加快发展社区服务业。加强社区服务基础设施和便民网点建设，注重发展与居民生活相关的休闲服务业，健全服务网络，拓展服务领域，增强服务功能，开发就业岗位，努力建设方便、快捷、优质、人性化的社区生活服务圈。

（3）坚持以新农村建设为主线，加快推进农村领域服务业的发展。把加快农村服务业发展作为新农村建设的重要内容，不断完善城乡服务体系。一是加强农村流通设施建设。深入推进"万村千乡市场工程"，加快农产品流通设施和消费品市场建设，积极发展农产品、农资和消费品连锁经营，全面完成配送中心、农资店、农家店的网点建设任务。二是加快农村信息服务网络建设。依托和整合现有供销、农技、供水等资源，建立共享网络，为农民提供包括技术、信息、加工和运输等内容的产前、产中、产后全过程配套服务。三是积极发展农业专业合作组织。鼓励兴办各类农产品流通服务组织、中介服务组织和"公司+农户"的农业产业化经济组织,积极发挥农业专业合作组织和龙头流通企业的作用,扩大农产品销售,增强农产品的市场竞争力。

(四)正确处理四种关系

(1) 城区市场和农村市场的关系。在消费方面,要看到农村消费品市场的巨大潜力。未来消费品市场的走向,应是农村市场增需扩容、城市消费调整升级、城乡市场双活跃的新局面。因此,既要加强城市化建设进度,加强中心城区对商贸流通服务业的支撑作用,提高中心城区对农村市场的辐射力,又要注重加快农村市场的培育与发展,扩大农村消费,拓展农村市场,实现城乡市场统筹发展。

(2) "引进来"和"走出去"的关系。"引进来"是指,坚持对外开放,引进一批规模较大、资金充足、品牌过硬、管理先进的三产企业。在引入国际品牌肯德基,国内品牌心连心、步步高,省内名牌南昌百货、煌上煌的基础上,加快进度引进沃尔玛,提高消费层次。"走出去"是指,鼓励企业通过新建、收购、兼并、股权置换、重组、联合等多种形式,在市外开店设场,提高萍乡市商业的辐射功能。一些暂不具备走出萍乡条件的企业,可以先把眼光放在县区,甚至乡镇,先在萍乡发展连锁经营,把基础打牢。只有形成强大的特色区域商业,"引进来"才有吸引力,"走出去"才有实力。

(3) 繁荣繁华和便民利民的关系。服务业的发展,要坚持以提高人民生活质量为核心,充分考虑不同区域的消费水平和市场特点，适应消费规律和发展趋势，确立各自的发展重点，形成全市商业整体协调、各区域商业特色明显的发展格局。中心商业区要提高品质品位，引导商业网点由数量扩充逐步转向质量提升。其他商业区要突出"以人为本"，从解决关系人民群众切身利益的现实问题入手，合理配置商业网点。在非常时期，还要充分发挥稳定物价、维护市场的作用，不断营造安全、诚信、方便、舒适的消费环境，保障人民群众生活必需品的便利购买。

（4）市场竞争和诚信兴商的关系。商业竞争要以诚信为基础，增强企业的社会责任，夯实和谐商业的发展主体，推动商业诚信建设，形成以诚待人、以信接物、买卖公平、保质保量的商业伦理和信用，积极发挥市场在资源配置中的基础性作用，建立健全竞争、有序的消费市场，从根本上提高萍乡商业的整体素质和竞争活力。

三 发展现代物流业

依托萍乡地处赣湘边界的区位优势，发挥工矿城市特有的综合交通运输体系功能，根据萍乡产业结构和产业布局实际，以现代物流理念为指导，通过整合和新建相结合的方式，科学配置萍乡现有物流资源，加快发展现代物流业。充分利用互联网优势，推动物流业的技术进步，实现物流与信息流的融合，建设物流产业信息化支撑。通过信息化实现物流对接，从而优化物流供应链。努力把萍乡建设成为赣湘边界现代物流网络连接体系中的重要节点，为该市经济社会发展、城市转型提供有力的物流支撑平台。

四 开发旅游资源

如前所述，萍乡有丰富的旅游资源，但是长期的煤炭生产使旅游资源的开发和发展被边缘化。虽然制定转型发展目标后旅游业得到较大发展，但宣传力度还远远不够，比如江西省旅游网站上列举的十大景区中都没有出现萍乡的景点。

作为中国革命的摇篮，萍乡应该充分利用自己在中国革命历史长河中所处的重要位置，利用自身的地方优势，在城市改造和精神文明建设方面，用好红色教育旅游这张名片，办出有自己特色的红色旅游。同时，还可利用矿区特点发展观光农业、特色旅游业。对于矿区留下的大量露天坑道、排石场等，可在因地制宜发展水产、花卉、林业的基础上发展观光农业。也可将开采铁矿、有色金属矿、煤矿等留下的各种景观稍加"包装"，供游人参观，与观光农业点连成片，形成旅游片区。通过整合红、绿、古"三色"旅游资源，大力发展生态文化旅游事业，完善景区交通设施、游览设施和旅游配套设施，强化景区管理，规范旅游服务，创建国家级旅游城市，真正实现由"黑色"（煤炭产业）城市向"绿色"（旅游开发）城市的转型，由"灰姑娘"变成"俏美眉"。

五 大力发展文化产业

抓住国家鼓励文化产业发展的契机，着力推动传统文化产业、新闻出版业、影视制作业、动漫产业发展。加快文化基础设施建设，完成市图书馆、市群艺馆、广电演播厅、广电产业大厦等文化建设项目。整合文化资源，打造文化品牌，培植壮大一批文化企业。通过打造消费型城市，形成吃、住、行、游、娱、购大消费圈，使萍乡成为全省最适宜消费和消费能力、消费环境一流的城市。

六 增加人力资本的积累

人力资本是知识和技术的人格化。一个城市的人力资本存量越大，质量越高，越有利于提高要素的边际生产率水平。因此，应通过引进、委培和共建等多种途径，培养吸纳高素质人才，建立科学、合理、灵活的人力资本激励机制，做到以优厚的待遇吸引人，以科学的制度激励人，以和谐的社会环境留住人，增强人力资本的存量。

对于现有的人力资源，随着城市中主导产业吸收就业劳动力能力的逐步下降，许多人力资本存量较低的劳动者被迫离开工作岗位，形成大量的隐性和显性失业，引起城市失业率上升。因此，应充分利用各种教育培训资源，多渠道、多形式地推进城市教育和各种应用型教育培训的发展，提高劳动者的适应和就业能力。此外，需要实施员工转岗培训和再就业计划，建立广泛的人力资本培训基地，以提高原人力资本的转型能力和下岗人员的再就业能力。

七 推进自主创新

加大对自主研发和技术引进的投入强度，提高技术创新水平和技术的产业化能力，增强新型工业化的生产能力和技术水平，形成具有自主知识产权的核心技术以及核心设备的制造能力，使江西省大型龙头企业的研发能力达到世界先进水平。其一，大力发挥市场机制的基础性作用，推动企业成为技术创新的主体，促进产学研的紧密结合。其二，通过加大政府对产业自主创新的投入，建设一批产业技术创新和共性技术研发基地，实施鼓励创新创业的融资政策等，为产业技术的发展创造良好的创新环境，并对重大产业技术的发展进行积极的引导与支持。其三，正确处理技术引进与自主研发的关系，在加强自主创新能力的同时，利用国际技术市场资源，提高消化吸收引入技术的能力。

八 着力构建服务保障体系

建立健全科技、人力资源、物流、融资信用、市场开拓、中介组织、财税、基础设施、产业招商、行政协调等十大服务保障体系和产业推进机制，促进产业经济快速发展。

（一）建立健全科技服务体系

（1）加强科技平台建设。加快建设国家和省级工程技术研究中心、博士后工作站，强力推动园区内部企业建立研发机构，积极引导科研机构整体进入园区基地，或与园区企业共建共用实验室、中试生产线、高新技术研究院和产业技术创新联盟等科技平台。鼓励企业与高等院校、科研机构联合创建技术中心，提高研发能力，提升产品竞争力和行业话语权。每个园区、基地必须围绕特色主导产业，至少搭建一个开放式的科技平台。

（2）强化创业孵化服务。加快工业园区基地创业服务中心、创新创业园、科研院所创业园、博士园等各类科技企业孵化器建设，鼓励国有大中型企业、上市公司、民营科技企业等创建科技企业孵化器，鼓励产学研合作，加快形成能适应不同成长阶段创业企业需要的全流程服务能力，不断增强科技企业孵化器的创新服务功能。

（3）鼓励科技成果应用。强化科技创业应用服务体系建设，完善企业投融资和技术产权交易服务，鼓励和支持企业增加技术创新投入，建立以风险投资为主要形式的科技型中小企业投融资服务体系，建设技术产权交易市场，形成十大重点产业成果交易市场。鼓励企业研发具有自主知识产权的技术、产品，依法加强知识产权保护，支持企业进行新产品开发、技术研发和成果引进转化。

（二）建立健全人力资源服务体系

（1）引进高级人才。着力完善高级人才培养体系，建立吸引、培育、激励高级人才的工作机制。构建"领军人才＋创新团队"的培养模式，重点支持企业管理、创新团队建设，每年组织一批企业家到国内外知名大学、培训基地或世界500强企业学习培训。引导企业高薪引进国内外一流科技和管理人才，鼓励企业柔性引进国内外高层次专业技术人才，鼓励采取股份期权等方式激励科技人员或经营管理人员创新创业，支持民营科技企业通过公平竞争承担各类技术创新项目。凡是携带科技成果或重大课题到高新园区创新创业的科技人才，按相关政策享受相应待遇。

（2）网罗中级人才。加强人力资源市场建设，引导民营企业创办2~3家人力资源专业服务公司，建立健全人力资源信息平台。加强各类职业技术教育机构、职业介绍交流机构与各工业园区基地企业的联系衔接，引导和支持企业加强对各类人才的引进和培养，提高各类人才的素质和职业技能，对园区（基地）企业专业技术人员的职称评审在政策上予以倾斜。组织企业参加各大专院校的应届毕业生双选会及人才招聘会,积极推动大学生实习基地建设。对本科以上学历用工比例在40%以上,用工在200人以上的科技型企业,由受益财政每年给予企业一定的补贴。

(3) 培训熟练工人。充分整合市内教育资源,鼓励工业园区基地企业与技工学校、职业院校加强校企合作,建立以技工学校、职业院校、企业和各类职业培训机构为载体的职业培训体系。加强各技工学校、职业院校职业培训基础能力建设,结合产业特点科学增设新专业(工种)。各工业园区至少与一所技工学校或职业院校签订职工培训协议,为企业搭建职工培训平台。将工业园区基地企业培训列为政府职业培训补贴计划的重点,对符合国家政策规定的职业培训,按现行政策给予补贴。

(三) 建立健全物流服务体系

(1) 打造物流平台。引导市内物流企业兼并整合,引进国内外大型、有知名度的物流企业,逐步建立功能齐全的现代物流信息平台,形成高效快捷的物流配送网络,为全市企业提供一站式物流服务,实现需求配送一体化。对已认定的重点物流园区、基地和专业物流中心用电电价按工业用电标准收取。每个园区、基地必须引进、组建物流企业(或分公司),搭建物流平台。

(2) 打造出口平台。推动海关、检验检疫、货代、港务等口岸系统与物流配送系统来萍乡设立办事机构,提高通关速度与货物集散能力。完善口岸工作协调机制、督察机制和快速反应机制,为进出口客户提供集中办公"一站式"通关服务。

(四) 建立健全融资信用服务体系

(1) 优化银行信贷环境。建立健全政银企沟通机制,加强项目融资的组织调度,鼓励具备条件的园区管理部门与当地金融部门签订合作协议，协助金融部门加强对贷款企业和贷款合同执行情况的监管。定期向当地金融机构提供经审核符合入园条件的入园企业名单以及园区发展进度和资金运作等情况，加强政府部门、金融机构与工业园区基地和内部企业的横向合作。鼓励和引导银行在独立审贷的基础上，向符合条件的园区基地企业优先放贷。

（2）提高社会信用保障。积极推进企业诚信体系建设，建立健全综合授信评级制度，完善园区企业档案，评定不同企业的信用等级，对信用等级高、信用度好的园区企业，采用信用贷款形式，并在利率和贷款数额上给予优惠。完善贷款担保体系，鼓励各类担保基金向园区基地企业倾斜，注重引入信用好、资金量大的民间中小贷款公司，支持企业之间相互信用担保。

（3）拓宽企业融资渠道。推进企业股权融资，注重吸引国内外风险资本在园区设立种子基金，投资园区种子期或初创期的科技型中小企业。抓好上市后备企业的筛选、培育和辅导，引导企业按企业上市要求进行股份制改造，鼓励具备条件的企业上市融资。鼓励企业债权融资，支持成长性好、具备赢利能力、风险控制能力和偿债能力的企业，通过发行公司债券、短期融资债、中期票据和中小企业集合票据等形式筹集资金。

（五）建立健全市场开拓服务体系

（1）鼓励企业质量兴企和争创名牌。大力实施品牌战略，重点扶持技术含量高、附加值高、有市场潜力的品牌产品企业。鼓励企业积极参与国家标准、行业标准的起草、编制工作，建立完善技术标准。支持企业创立品牌，引导企业开展企业形象和品牌标识的策划与宣传，争创一批省级、国家级名牌产品。

（2）加强行业协会建设和行业自律。完善行业协会职能，制定行规行约，让破坏行规者出局，使遵守行规者做强。加强行业诚信建设，建立企业信用档案，定期向社会公开，提高行业的公信力。加强对产品质量、产品最低价格的监督和管理，有效规范企业经营行为，建立行业内公平、有序、良性的竞争环境。

（3）打造全方位营销平台。建立综合信息平台，及时发布重点产业、产品、技术、服务、价格及市场空间、渠道、政策、竞争态势等信息，为企业提供快速、可靠、灵活的综合信息服务，帮助企业加强产需衔接、开拓市场。定期组织产业产品推介会、推销发布会、产品订货会，鼓励行业协会组织企业参加各类交易会、展览会，积极融入省内外营销联盟。

（六）建立健全中介组织服务体系

（1）构建法律服务体系。建立健全法律服务中介机构，完善企业法律顾问制度，积极维护园区基地企业合法权益。联络法制工作机构、律师，组成园区、基地法律事务服务团，既为企业生产经营做好法律服务，也为企业涉诉事项提供法律服务支持。

（2）搭建中介服务平台。加快园区基地中介服务平台建设，完善中介服务组织机构。园区基地服务平台要引入和接纳财务、会计、审计、税务、国土、房产、咨询、评价、环保等中介组织参与，为园区基地企业提供全方位服务。创新服务机制，实行并联审批，联合办公，"一站式"服务，构建高效快捷的运行机制。

（七）建立健全财税服务体系

（1）加大财政支持力度。加大对园区基地建设的投入。乡经济技术开发区和各县区财政要安排一定数额的工业园区建设发展基金,用于扶助园区基地建设和发展。对新进园区基地的工业项目,按照有关规定减免行政性收费和经营性收费。受益财政的同级政府以当年财政总收入增长的比例为基数,将超出比例部分的可用财力奖励给企业,用于支持企业的技术创新和发展生产。

(2) 实施财税支持政策。充分发挥税收优惠政策的引导作用,支持企业做大做强。各级财税机关要不折不扣地兑现国家、省政府的税收优惠政策。

(3) 开展涉财涉税服务。积极为园区基地企业提供涉财涉税等相关指导服务。可以委托或指定财税中介服务机构为企业提供财务税收咨询、指导服务,帮助企业按规按章处理账务。

(八) 建立健全基础设施服务体系

(1) 优先扶持产业企业入园入基地。优先安排园区基地用地计划,开设园区(基地)建设用地"绿色通道"。切实保障转型升级项目、重大建设项目和主导产业项目的用地需求,对重大优势产业、基础设施等符合省调度条件的项目,积极申报列入省用地调度计划,扩大新增建设用地总量。对新进园区的高新技术产业项目、重点工业项目,从企业正式投产之日起,一年内须把符合规定的土地等相关手续办理完毕。继续实行企业入园区、入基地"三通一平"政策。

(2) 切实推进标准化厂房和工业地产建设。积极支持园区基地工业地产开发建设,支持工业园区建设标准化厂房,以适当形式供企业进行工业生产。支持工业园区基地管委会等机构创建投资开发经营公司,以独立法人身份加强对工业基地和工业园区的建设、开发、整合、配置生产要素,吸引银行、企业、社会资金以市场化方式开发建设工业地产。鼓励有实力的企业或各类社会资金在园区基地投资建设基础设施及标准化厂房、专业市场、仓储设施等功能性、基础性项目。农村集体经济组织可依法将农用地转为集体建设用地，支持将建设用地的土地使用权出租给入园企业，或作价入股园区投资开发公司，建设标准化厂房出租。

（3）建立维修服务平台。着力推进园区基地维修服务平台建设，对供水、供电、道路、通信等基础设施提供维修服务，满足园区基地企业发展需求。

（九）建立健全产业招商服务体系

（1）强化产业招商导向。强化园区基地内的产业链招商，实行专业招商、专题招商，支持采取资源整合、异地托管、异地项目共建、税收共享等方式，积极承接发达地区链式或集群式产业转移。按照市场化运作模式，以土地使用权、基础设施项目使用权和经营权出让为条件，实施特许经营，大力引进各类资本投入。

（2）建立利益共享机制。切实消除行政壁垒和地域界限，实现项目（企业）按产业定位在各产业集聚区内异地无障碍落户，促进产业集聚发展。按照谁引进谁受益、谁投资谁受益的原则，完善利益分配机制。异地引进项目（企业）所缴纳的各项税收，自项目（企业）投产之日起引荐地政府和落户地政府按4:6的比例分成。

（十）建立健全行政协调服务和执行保障体系

（1）优化企业生产经营环境。开展整治企业周边环境、项目建设环境的专项治理，维护市场经济秩序，营造良好的投资环境。向"一区五园二十个产业基地"的项目，发放《萍乡市重点项目绿色通道服务卡》，让其享受绿色通道服务。凡属"一区五园二十个产业基地"的生产性项目,按照《萍乡市高新技术工业园招商引资优惠办法》,由项目所在地的公共政务管理部门和规划部门在联审联批时办理执行。严格禁止乱收费、乱检查、乱摊派。除紧急情况外,各级执法部门对园区基地企业的必要检查,在向企业下达通知的同时,必须告知园区基地管理机构,以便及时协调。

(2)健全投诉受理监督机制。完善投诉受理制度,建立投诉受理平台,接受企业主、基层群众和社会各界对园区、基地及有关职能部门工作的咨询、投诉、意见、建议等。组织企业家和投资者定期与不定期评判职能部门、关键岗位和核心人员。加强对投诉件办理情况的督促检查,依法依规严肃查处不良行为,并以适当方式公布投诉处理情况,维护企业合理诉求。

九 推进赣西区域产业一体化发展

萍乡位于江西省最西部,东与江西宜春、西与湖南醴陵、南与江西吉安、北与湖南浏阳接壤,对接长珠闽,毗邻长株潭,是江西对外开放的西大门,与宜春、新余同在一个山脉(武功山),共用一条铁路(浙赣线),同饮一江水(袁河),串联在同一条高速公路(沪瑞高速)上。按照省委、省政府实施"龙头昂起、两翼齐飞、苏区振兴、绿色崛起"的战略部署,宜春、萍乡、新余组团实施振兴赣西区域经济发展规划,加快城市群联动发展,有利于增强区域经济实力,形成支撑和带动江西加快发展的重要增长极;有利于深化体制机制创新,为统筹科技资源改革探索新路径、提供新经验;有利于构建开放合作的新格局,推动赣西地区经济振兴;有利于深入推进萍乡产业转型战略,引领资源枯竭城市转型发展。

（一）指导思想

坚持以科学发展观为指导，以体制机制创新为动力，突破行政区域局限，加强萍乡与宜春、新余等周边地区的合作交流，坚持工业化、城镇化双轮驱动，坚持基础共建、产业互补、市场联动，着力推进特色发展、差异发展、集群发展、绿色发展，使萍乡实现"煤都转身，红绿交融，科技点睛"的转型发展之路，真正崛起为江西的"金西翼"，成为具有示范效应的"低碳转型生态城"。

（二）基本原则

（1）坚持政府推动、市场运作。发挥政府引导作用，通过实施规划引导和跨区域重大项目建设，搭建联动发展平台，推动经济圈的合作与交流。同时，充分发挥市场机制在经济圈发展中的资源配置作用。

（2）坚持协同联动、优势互补。立足区位、自然和资源禀赋比较优势，坚持特色化、差异化发展，合理确定发展重点，培育壮大地方特色产业和特色产品。充分发挥比较优势，加强产业分工协作，避免产业同质化和恶性竞争，打造整体竞争优势。

（3）坚持统筹谋划、循序渐进。以思想观念认同为先导，以经济圈整体利益为出发点，以产业、设施、市场、体制、机制对接为重点，统筹安排，先易后难，有序推进。通过跨区域的重点领域、重点项目合作，促进经济圈的建设与发展。

（4）坚持民生优先、绿色发展。积极创造各类就业岗位，鼓励和支持城乡劳动力自主创业，鼓励有条件的农民向城镇转移，解决城乡劳动力就业，带动县域经济发展。正确处理经济发展与人口、资源、环境的关系,坚持节能环保,加强生态建设,促进经济社会可持续发展。

(三) 发展定位

(1) 低碳转型示范城。萍乡是依托煤炭资源开采发展起来的工矿城市,是中国近代工业的发祥地之一,历来是江西省重要的工业基地,工业经济是城市发展的重要支柱。经过几十年发展,萍乡逐步建立起以资源型工业为主的十大支柱产业,其中最有特色的是以"黑、白、灰、红、金"著称的煤炭、瓷业、水泥、鞭炮烟花和冶金业。这些产业大多数处于粗放型、低层次的发展状态,并且所依赖的原材料(水泥、石灰石、瓷土等)均属不可再生资源。随着资源的日益枯竭,萍乡必须走产业转型之路。萍乡市相继获得比照享受东北老工业基地优惠政策城市、国家循环经济试点城市、资源枯竭可持续发展转型试点城市的身份,为萍乡的产业结构调整和城市转型提供了难得的机遇。因此,改造提升传统优势产业、培育新型产业是该城市发展战略的核心。

(2) 区域发展中心城。萍乡市位于江西、湖南两省交界处,素有"西大门"之称。沪昆铁路电气化改造和沪昆高速公路的建成,以及沪昆高速铁路客运专线和萍洪高速公路的新建,强化了萍乡市与长三角城镇群、珠三角城镇群的联系,使萍乡东联环鄱阳湖城镇群,西引长株潭城镇群的战略地位更加突出。

(3) 生态环境宜居城。从城市文化特色来看,萍乡人文底蕴深厚,佛教禅宗源远流长,傩文化"三宝俱全",为全国仅有;以安源为代表的红色文化彪炳青史;以武功山国家名胜区为代表的山岳风光国内闻名。而且，该市森林覆盖率达63.5%以上。随着"四城同创"工作的不断推进，萍乡生态、宜居城市的特色日益突出。

（四）发展目标

深入推进经济、文化、生态和社会转型，实现发展方式快速转变，结构调整明显优化，资源效益明显提升，创新能力明显增强。"十二五"时期，萍乡市经济发展的总体目标是：经济效益显著提高，经济结构不断优化，整体竞争力不断提升，经济发展方式不断转变，可持续发展能力不断增强，人民物质文化生活明显改善。

（1）经济效益显著提高。在优化结构、提高质量、降低消耗、保护环境的基础上，实现经济平稳较快发展。到2015年，生产总值翻一番，突破1000亿元大关，年均增长13%；财政总收入翻番超130亿元，年均增长16%；社会消费品零售总额翻番达320亿元，年均增长15%；全社会固定资产投资突破1500亿元，年均增长20%；外贸出口总额突破9亿美元，年均增长15%。

（2）经济结构更加合理。国民经济三大产业结构比例调整为4:63:33，城市化率突破60%，居民消费率达到38%，研究与试验发展经费占地区生产总值比重达到1.5%。城乡区域发展协调性增强，经济增长的科技含量进一步提高。

（3）生态环境建设取得新进展。到2015年，萍乡市节能减排指标明显提升，单位国内生产总值能耗在2010年基础上降低17%。人与自然和谐发展模式基本建立，化学需氧量、氨氮排放总量、二氧化硫排放总量、氮氧化物排放总量在2010年基础上分别下降7.2%、11%、11%、5.5%。森林覆盖率达到65%。

（4）城乡居民收入大幅增加。努力实现居民收入增长和经济发展基本同步，以及劳动报酬增长和劳动生产率提高同步，力争城市居民人均可支配收入达24070元，年均增长12%；农民人均纯收入达12520元，年均增长15%。低收入者收入明显增加，中等收入群体持续扩大，贫困人口显著减少，收入差距扩大趋势得到有效遏制。

（5）城镇化水平显著提升。县域城镇规模和功能结构更趋完善，中心城区和乡镇布局合理，新农村建设取得新成果，发展水平全面提升。城乡统筹取得突破，城镇化率达到60%。

（6）社会服务水平显著加强。努力实现基本公共服务均等化；基本普及高中阶段教育，从业人员平均受教育年限达到12年；建立覆盖城乡居民的基本医疗卫生体系和社会保障体系。

（五）产业布局

以宜春、萍乡、新余中心城区为核心，推进三市抱团重组、整体规划，形成复合中心。积极推动向西延伸，形成芦安湘高速通道一体化发展格局，辐射带动腹地上栗县和莲花县加快发展。

全面实施萍乡市"一心两带六板块"的产业布局。即以萍乡城区（国家级经济开发区）为中心，重点发展320国道沿线的以陶瓷、光伏、冶金、机械等产业为主的产业带，319国道沿线的以建材、特种材料、机械电子、医药食品等产业为主的产业带。扎实推进萍乡经济开发区以新材料、生物医药为主体的板块经济，安源经济转型产业基地以新能源、新材料为主体的板块经济，湘东工业陶瓷产业基地以工业瓷为主体的板块经济，芦溪工业园以电瓷、光伏产业为主体的板块经济，上栗产业基地以花炮、建材为主体的板块经济，莲花工业园以特种材料、电子为主体的板块经济，逐步形成萍乡在赣西区域"主轴突出、腹地支撑、点面结合、三地协调"的发展格局，全力打造萍乡"低碳转型城、新型工业城、生态宜居城、繁荣和谐城"。

（六）加快赣西区域产业一体化主要任务

1. 建立新型工业体系。按照规模化、品牌化、集群化、信息化、低碳化的导向，改造提升传统产业。改善品种质量，增强产业核心竞争力，努力拓展产业发展新空间。改造提升煤炭、陶瓷、建材、花炮、冶金等传统产业，积极发展农副产品加工、制鞋等劳动密集型产业，促进产业转型升级。支持企业技术改造和自主创新，积极开发高端产品和高附加值产品，增强品牌创建能力。

（1）煤炭产业。以安源煤业为核心，进一步整合萍、宜、新三地煤炭资源，加大煤炭勘探力度，积极寻找煤炭资源，加快小江、白源北煤田的开发利用。充分依靠科技进步，积极发展煤炭深加工，发展精煤、配煤和型煤，壮大煤炭及煤化工产业。发展纯苯、蒽油、沥青、碳黑、混炼胶等煤化工系列产品，形成较完整的煤炭及煤化工产业集群。

（2）陶瓷产业。以芦溪县电瓷产业基地和湘东区陶瓷产业基地为龙头，着力提升赣西电瓷和陶瓷产业在全国市场占有率，积极组建江西省工业陶瓷工程技术研究中心和工业陶瓷产品质量监督检测中心，为工业陶瓷产业发展提供技术和服务支持。加强技术改造提升力度，大力发展化工陶瓷、环保陶瓷、耐磨陶瓷和高温结构陶瓷；充分发挥湘东区工业陶瓷的传统优势，不断做强"中国工业陶瓷之都"。依托江西省电瓷工程技术研究中心，大力开发直流绝缘子、交流特高压绝缘子新产品，提升电瓷产品的技术含量；不断完善电瓷产业链，形成包括燃气、瓷泥加工、制瓷、电瓷附件、色料等在内的产业链完整的电瓷产业；发挥芦溪电瓷制造的传统优势，不断做大"全国电瓷强县"。

（3）建材产业。以中材萍乡水泥、印山台水泥、中建材南方水泥为依托，不断壮大水泥产业规模；推动水泥工业技术改造，加快水泥工业绿色发展。推动玻璃制造业技术改造升级，大力发展新型特种玻璃。积极承接沿海发达地区建筑陶瓷业的梯次转移，拓宽建筑陶瓷产品领域，延长产业链。

（4）花炮产业。以发展壮大上栗县等中国传统优势的花炮产业为主线，不断加大安全、环保型花炮产品的研发力度。推行品牌战略，提高该市花炮产业知名度，提升市场占有率。加快推进造纸、印刷、包装、仓储、物流、燃放等相关配套产业，壮大花炮产业集群。加快建设花炮产业基地，以上栗镇、桐木镇、金山镇为中心带动周边地区花炮产业发展。完善配套出口服务设施建设，提高服务能力，推动花炮出口。

（5）冶金产业。着力整合萍钢、新钢两大省重点钢企资源，以优势互补、互利共赢为原则，进一步增强江西省建筑钢铁线材和板材的市场竞争力，遵循循环经济要求，重点发展铁矿精选、焦炭、球团、耐火材料、钢渣、钢材精加工；推进金属冶炼及加工基地建设，形成以萍钢为核心企业的钢铁工业产业群。积极建设煤电铝一体化循环经济项目，以电解铝为基础，开发铝型材、铝轮毂、铝板、铝带等产品，形成电力及铝产业链。

2. 培育发展战略性新兴产业。把战略性新兴产业作为抢占未来发展制高点的重要突破口、聚焦重点，集中力量培育和发展新能源、新材料、生物医药食品、先进装备制造、现代服务业等产业，加强政策支持，加快资本集中，强化核心关键技术研发，加快形成先导性、支柱性产业。建成若干省级新兴产业基地，实现产业聚集和品牌聚集。

（1）新能源产业。依托新余国家新能源示范基地，以多晶硅、单晶硅加工为基础，积极研发新一代多晶硅提纯技术，形成集硅锭硅片生产、光伏组件封装、光伏系统应用于一体的光伏产业链。开发利用风力和生物质能。加快适应新能源发展的智能电网及运行体系建设。

（2）新材料产业。以萍乡市新材料产业基地为平台，大力发展纳米材料、信息材料、节能墙材等特种材料，着力打造国内知名的新材料集聚区。加强新型非金属材料制备技术和应用产品的研发，重点发展纳米、活性碳酸钙、高纯石英粉等粉体材料。加大新材料项目引入力度，大力发展节能、节地、利废、轻质、高强、多功能建筑材料，重点开发建筑防水材料、新型墙体材料、环保涂料、特种玻璃等。

（3）生物医药产业。以江西宣风生物产业园为核心基地，积极与国内知名医药企业合作，大力发展中成药、西药及化学原料药。加快新型医药研发创新平台和产业基地建设，大力发展用于重大疾病防治的生物技术药物、现代中药等创新药物大品种，提升生物医药产业水平。在注重科学规划的基础上，重点发展生物创新、生物医药、生物农业、生物制造四个领域，努力形成以创新为特色的，综合性的生物产业园。以五陂下科研示范（院士试验）基地为依托，着力培养生物育种产业，积极推广绿色农用生物产品，促进生物农业加快发展。

（4）先进装备制造产业。以安源客车为龙头，大力发展中高档旅游客车、公交客车、油（电）混合动力客车、农用车和改装车等主要产品，发展整车制造业。以江发改制为契机，壮大汽车零部件制造业。重点把握新能源汽车发展先机，着力突破动力电池、驱动电机和电子控制领域的关键技术及其开发应用；以整流变压器和工程机械产品为核心，以技术创新为动力，突出发展基础机械制造业。积极发展与国际国内知名企业的配套协作，大力开发简易多功能的工程机械产品。着力加强技术储备和研发，推动具有自主知识产权的高端工程机械制造业发展。

（5）现代服务业。重点打造武功山生态旅游和安源红色旅游品牌，着力弘扬杨岐禅宗文化。把发展现代服务业作为调整产业结构、扩大就业、加快城镇化进程的战略重点，拓展提升生活性服务业，加快发展生产性服务业，推进服务业规模化、品牌化、网络化经营。着力提升旅游业发展层次，打造"红色""绿色""古色"三色交融的旅游精品线路，建设全国生态旅游、红色旅游强市。大力发展现代物流、金融保险、商务会展、工程设计、文化创意、信息咨询、科技服务等生产性服务业。积极拓展医疗保健、休闲娱乐、养老护理、环保技术等新兴服务业，整合提升商贸、社区服务、餐饮等传统服务业。加快发展现代物流服务业，重点加强物流园区的规划与建设。

3. 推进农业现代化，加快发展现代农业。依托经济、科技、信息和人才优势，优化整合区域内农业资源，大力发展优质高效农业、特色精品农业、高科技设施农业、绿色生态农业和以食品工业为主的农产品加工业，推进农业现代化。

（1）绿色生态食品。应用农产品精细加工技术，积极支持芦溪杜仲生猪、武功紫红米、萍乡红鲫等绿色生态食品发展，使绿色食品工业逐步成为优势产业。大力发展双低菜籽油、优质茶油，扩大精炼油和专用油的比重，提高油料的综合利用率；开发利用油料蛋白、生物活性物质等产品。依托萍青啤酒，积极开发各种风味啤酒，提高啤酒的风味稳定性和新鲜度，增强企业竞争能力。

（2）生物农业产品。重点发展功能性食品配料和微生态制剂等高端食品生物技术产品。大力发展饲料工业，加快推进现代微生物肥料、新型高效安全生物饲料及添加剂的产业化。推广应用先进的提取、纯化和制剂技术；大力推广"扦插繁殖"技术的运用；推广生态环保养猪技术。大力发展腐植酸产业，开发生产腐植酸氮肥、钾肥、磷肥及腐植酸专用肥，腐植酸土壤调理剂、抗旱剂、保水剂等农用产品。

（3）共建现代农产品市场体系。加快建设市场和服务体系，重点建设农产品、农资批发交易市场、冷鲜库、配送中心和连锁店等现代农产品物流载体，推进泛网络信息服务平台和运输绿色通道建设。建设以农产品质量为核心，与宜春、新余对接的农业标准化示范推广体系和农产品质量安全检测体系。

（4）大力发展生态休闲农业。遵循因地制宜、培植精品、效益兼顾的原则。离城区距离较近的乡镇（25公里以内）是优先发展区域，在开发旅游吸引物的同时，发展农家休闲、娱乐、餐饮；距离较远乡镇在景区周边发展农家餐饮、观光农业，主要以农业与农田水利设施建设、生态保护为主，积极发展农业生态旅游。

（5）大力加强水利设施建设。加强防洪减灾工程体系建设，完善城市、县城防洪工程建设，完成萍水河重点段防洪工程建设，构建城市综合防洪减灾体系。实施好渌水、袁水、禾水、草水、栗水、麻山河、南坑河、万龙山河等中小河流重点段治理工程。全面推进民生水利基础设施建设，基本解决农村人口饮水安全问题，加快病险水库、病险水闸除险加固工程建设步伐。大力推进农田水利基础设施建设，大力实施农村水电增效减排工程，推进应急抗旱水源建设和雨水集蓄利用工程建设，合理开发利用地下水。实施环山口岩库区水源保护规划，确保城市供水安全。落实麻山水厂和五陂下水厂改造。

4. 发展低碳经济，加强重点领域节能。推进工业节能，推广合同能源管理，加强钢铁、玻璃、水泥、陶瓷等行业重点用能企业节能目标管理和考核，推进大机组燃煤发电、余热尾气发电等技术，提高能源利用效率。大力开发节能建筑，实施新建住宅和公共建筑节能设计标准；大力推广新型墙体材料，加快太阳能等可再生能源在建筑物中的利用。优先发展公共交通，加快淘汰老旧高耗能车辆，鼓励使用节能环保型交通工具，推广车用代用燃料和清洁燃料汽车。

（1）夯实能源基础。统筹利用传统资源，积极开发利用新能源和可再生能源，增强能源供应能力，构建清洁高效、保障有力、安全可靠的能源体系。一是加大矿产勘察力度。争取国家和省的地质勘察资金，实施重点找矿勘察工程，稳定矿产生产。优化煤炭产业组织结构，促进中小型煤矿整合。强化煤炭资源综合利用，改善煤炭产品结构。二是加快"西气东输"管道天然气利用工程建设。接轨"西气东输"，建设市内清洁、高效的燃气供应体系，逐步实现工业园区、工业基地、重点企业的天然气全覆盖。加快建设原油管道运输工程，完善成品油加油站点。建立健全油气储备体系，确保清洁能源平稳供应。三是加大电力工程建设。改造完善现有电网，提高供电质量和可靠性，满足电力"N-1"原则。提高能源综合利用效率，积极发展环保高效燃煤机组，重点抓好华能安源发电厂"上大压小"项目和煤矸石发电新建、扩建项目。

（2）大力发展循环经济。按照建设资源节约型、环境友好型社会的要求，加大节能减排力度，进一步提高资源综合利用水平，形成循环经济产业链，实现资源的多层次转化增值。健全发展循环经济和低碳社会的法律法规体系，提高高能耗产业准入门槛，对高碳排放企业进行监控，积极引进低能耗企业和项目。加大资源综合利用技术研发力度，全面推行清洁生产，推进冶金、煤炭、化工等重点行业废气、废渣、废水的综合利用。普及农村沼气，发展清洁能源，推动传统农业向生态农业转变。健全废弃物分类收集系统和综合利用处理体系，大力发展再生资源产业，以实现资源的永续利用。

（3）做大做强生态旅游。下大力气做强以武功山为龙头的萍乡生态旅游，聘请国内知名专家教授及规划单位编制武功山风景名胜区总体规划和各景区控制性详规，为景区建设提供可靠的科学依据。同时，切实做好景区资源保护工作，制定景区分级保护实施办法，着力将武功山打造成 5A 级国家景区。抓紧实施武功山接待中心、羊狮幕景区铁路等建设项目。按高标准创建园林城市，在城区加大植树造林力度，要在高速公路和公路主干道两侧形成林带，在城区加大绿化密度，加大植被保护力度，对破坏植被现象要严厉处罚。

（4）大力加快文化建设。传承和弘扬以红色、绿色、古色为代表的赣西文化，加大对革命旧居旧址、历史文化名城名镇名村、重点文物保护单位的保护和修缮力度，建立健全非物质文化遗产名录体系和传承人认定体系，促进文化与旅游融合发展，努力使文化产业成为全省支柱性产业。深入推进各项文化惠民工程，实施全省文化设施、农家书屋、文化信息资源共享，广播电视户户通等建设工程，努力实现基本公共文化服务均等化。

5. 推进区域协调发展。构建科学的城市发展空间。在区域合作、城市转型背景下，推进城乡科学协调发展，构建"中心城市—次中心城市—重点镇——般镇"的四级城镇结构体系，推进城乡一体化建设，形成一体两翼多节点的空间格局，打造"赣湘合作示范区""区域合作推动资源经济转型综合改革试验区"。一体即萍乡都市区，以萍乡市主城区为中心，联动湘东区和芦溪县，作为将来萍乡市的政治、文化、经济中心区，是城市重点建设优化区，是萍乡市"对接长株潭、融入鄱阳湖"的主体区，到 2030 年，力争都市区人口达到 120 万人。两翼即上栗片区和莲花片区，计划将两个片区打造成萍乡市南北两极的市域次中心城市，协调带动周边卫星镇的发展，到 2030 年，上栗、莲花县城城市人口达到20万人。多节点：在已有的基础上或者根据全市总体布局需要，按照"区域中心型、工业主导型、旅游服务型、商贸带动型"等类型，大力发展特色小城镇。萍乡都市区以功能重构、空间重组、环境重整为核心，提出城市空间发展的战略框架，组织"一主四片"都市区结构框架，强调都市区经济社会的整体发展、空间的统筹布局、交通等重大基础设施的统筹协调。在市域城镇体系框架和都市区规划框架下，近期重点推进中心城市建设，打造全市政治、经济、文化中心。

（1）统筹城乡和区域协调发展。突出中心城市发展，以中心城市带动周边小城镇，促进城乡和区域协调发展。统筹考虑中心城市功能定位、规划和建设布局，以及小城镇和农村的建设与发展，促进城乡功能互补，产业科学分工，人口合理集聚。全面加强城镇公共基础设施建设，同步推进地上、地下市政设施建设，大力推进城市道路通达工程、城镇电（光）缆下地工程、城镇供水工程、城市燃气工程、城镇排水管网工程、示范镇建设工程、数字城市建设工程等，提高综合服务能力，增强城镇承载能力。围绕促进城乡一体化，加强城乡规划统筹协调，促进县、乡（镇）、村规划与城市规划相衔接，推动城市基础设施和公共服务向农村延伸，创新城乡基础设施共建共享机制。

（2）加强交通建设力度。按照统筹规划、适度超前的原则，加快城际轨道交通、公路、水运等基础设施建设，形成一体化交通体系。以沪昆铁路、高速公路为纽带，统筹发展赣西区域各种运输方式，强化与周边省和地市的互联互通，全面提升综合交通运输能力,努力使赣西成为重要的综合交通运输枢纽。重点建设路网联通线路和各乡镇配套客运站,乡、镇、村之间实现公路联网,推进城市公交向农村延伸,形成包括城市交通网、县际公路网和县乡公路网的综合交通运输体系发展格局。深入实施高速公路建设和改扩建工程、国省道改造工程,努力形成快捷高速公路网,实现县县通高速,干线公路全部达到二级以上。加快建设完善赣西区域铁路网,抓紧建设杭南长、衡茶吉等项目,实现县县通铁路。

（3）推进信息化建设。加快推进新一代固定和移动通信网络建设,优化通信网络结构,积极应对"三网融合",提升网络性能和技术水平,推进新建小区和农村行政村光纤进楼进村工程。推动经济圈内各县（市）信息资源的共建共享,积极发展物联网产业,提高电子商务、电子政务水平。

6. 发展外向经济。积极引进重大项目。着力打造"一区五园二十个产业基地"工业发展平台。坚持以园区为载体,将优势企业向园区集中,优势资源向园区集中,要素保障向园区集中,有效促进园区实力不断壮大。抓紧引进一批对提升产业技术层次、优化工业产业结构、转变工业发展方式具有重大示范带动作用的重大传统工业项目和一批高附加值、有核心竞争力的战略性新兴产业项目。大力推动五大传统产业技术升级改造和新型生产线投产；重点引进五大新兴产业关键技术项目,加快推动萍乡市产业转型升级。

（1）加强科技合作交流。在坚持自主创新原则的基础上,广泛开展科技合作与交流,加强对先进技术的引进、消化、吸收和二次创新。重点加大与长三角、珠三角、长株潭城市群、武汉城市群等的联系，与其积极进行科技往来与合作。建立和健全区域科技合作的政府管理体制和市场运作机制，充分调动和发挥政府各部门、社会各界、企业和中介组织在推动萍乡市区域科技合作中的促进作用。引进一批具有国内乃至国际先进水平的科技合作项目，推动在高技术领域研究开发合作，增强萍乡市科技创新能力。

（2）深化区域一体化发展合作。进一步加强与长三角、泛珠三角和海峡西岸经济区的对接合作，创新合作形式，提升合作水平。鼓励与周边地区通过委托管理、投资合作等形式合作共建产业园区，探索建立合作发展、互利共赢的新机制。与中部各省共同建立行政首长定期协商机制，在基础设施、信息平台、旅游开发、生态保护等重点领域加强合作，在科技要素、人力资源、信用体系、市场准入、质量互认和政府服务等方面加强对接，促进商品和生产要素自由流动。加快现代物流业发展，着力推动赣西三市等重点区域一体化发展，加强与长株潭城市群的战略合作。

（七）加大政策扶持力度

1. 投资政策。建议中央财政转移支付、中央预算内专项资金和中央预算内投资，以及其他中央专项资金，都要加大对赣西的扶持力度，特别要加大对萍乡原中央苏区县、革命老区、少数民族地区的扶持力度。对产业园区给予必要的扶持。适当降低中央投资项目地方配套投资比例，支持发展特色产业和重大项目建设，对萍乡基础设施建设给予重点专项补助倾斜。对具有全国或区际意义、有助于形成赣西经济区整体竞争力的项目，在项目布点与审批、土地利用等方面给予重点支持。加大对经济区环境污染治理的资金投入力度，设立专项治污资金，支持企业开展污染减排工作，为今后发展增加环境容量。

2. 金融政策。鼓励银行业金融机构为符合国家政策的重大基础设施建设项目提供信贷支持。鼓励和支持各类金融机构在萍乡设立分支机构，完善金融体系。对新设立机构在用地等方面给予政策支持。积极发展村镇银行、资金互助社等新型农村金融机构和小额贷款公司，支持设立担保机构和典当公司，适当放宽各类落户萍乡市金融投资主体的市场准入条件。国家开发银行江西省分行要充分发挥自身服务国家发展战略的作用，为赣西区域经济发展提供长期、稳定和系统的金融支持，配合有关方面做好系统性融资规划、完善开发性金融合作平台等工作，提高赣西投融资能力。对萍乡国有商业银行在贷款审批和考核标准上给予倾斜。

3. 财税政策。加大对萍乡市的一般性转移支付补助力度，加强对萍乡规划的先进装备制造、新材料、陶瓷、花炮、生物医药食品等重点产业的支持，每年给予专项转移支付或定额补助，促进该市重点产业发展。争取国家和省支持将该市煤炭等矿产品资源税由"按量计征"改为"按价计征"，努力扩大该市税基。加大国债资金项目对萍乡的倾斜力度，加大财政对创新型区域和企业的引导性投入。加大对基础设施、生态环境、重大项目、特色产业、扶贫开发、公共服务等专项转移支付力度。争取将更多公益性项目的国债转贷资金转为拨款。缓解融资难的问题，在农民增收、农业增效、农村发展以及农村灾后恢复重建等方面给予金融支持。进一步理顺支农资金管理体制，集中力量和财力解决事关群众生产生活的大事；加大消化历年财政赤字的奖补力度，逐步化解乡村两级债务，夯实地方财政基础。积极推进融资性担保机构县域全覆盖，加快组建省级再担保机构，支持中小企业融资担保机构规范发展，增强担保能力。深化农村金融机构改革，支持村镇银行、小额贷款公司等新型农村金融机构发展。支持农村信用社进一步深化改革，落实涉农贷款税收优惠、农村金融机构定向费用补贴、县域金融机构涉农贷款增量奖励等优惠政策。

4. 土地政策。加快推进节约集约用地制度建设，建立健全节约集约用地考核评价机制。在节约集约用地前提下，积极争取省建设用地年度计划指标和城乡建设用地增减挂钩试点规模，适当向萍乡建设用地计划倾斜，改革完善建设用地审批制度，简化手续，保障重点工程建设用地。重点工业项目作为单独批次报批用地，属单独选址的重点工业建设项目用地，涉及补充耕地的应先补后占，实现耕地占补平衡。大力实施农村土地整理复垦和综合整治工程，严格规范城乡建设用地增减挂钩试点。加快萍乡旧城区、城中村、煤矿沉陷区以及工矿棚户区改造，积极盘活闲置土地。提高土地利用效率，支持多层标准厂房建设，探索工业用地弹性出让和年租制度。省级财政要加大对萍乡等水源地生态环境治理恢复和发展的投入，积极开展规范城镇建设用地增加与农村建设用地减少相挂钩的试点工作，促进土地资源合理配置和土地利用结构优化。

5. 人才政策。进一步加大干部交流力度，优化萍乡市、县（区）党政领导班子结构。从省直单位选拔一些熟悉经济工作特别是工业经济、外贸金融的干部充实萍乡市、县（区）党政领导班子。从经济较发达地区和省属大中型企业选派优秀干部到萍乡市、县（区）任职。继续采取挂职锻炼、对口扶贫、科技副职等形式，每年从省直单位特别是经济部门选派一些优秀干部到赣西地区挂职。积极探索省属高校与萍乡市、县（区）合作办学的新模式，为加快萍乡发展培养急需的高级专门人才。

6. 产业政策。牢固树立产业第一的发展理念，由抓几个企业向抓产业集群转变，由引资、引企业向引产能、引产业转变。充分发挥政府引导作用，形成企业、金融机构和社会配合联动机制，突出产业集聚，以提升产业竞争力和园区承载力为目标，加快工业园区集约化发展水平，提高产业带动能力和对县域经济发展的贡献率。加强项目的谋划和储备，积极争取国家在重大项目规划布局、审批核准、资金安排等方面对赣西给予更多倾斜。在进一步扩大新材料创投基金融资规模的同时，争取设立新能源、电子信息、生物医药和文化创意等新兴产业创业投资引导基金，积极培育和规范发展私募股权投资。努力争取萍乡具有赣西特色和比较优势的产业进入《中西部地区外商投资优势产业目录》。对符合国家产业政策的产业转移项目，属于省级投资主管部门核准的，全部纳入省重大项目绿色通道审批，优先予以核准；属于备案类的，除需要省级平衡资源的项目外，全部实行县级属地备案。

7. 生态补偿政策。争取中央财政加大对萍乡市重点生态功能区的均衡性转移支付力度。抓紧实施赣江源等生态补偿试点，积极争取国家资金和项目支持，积极争取和协调推进东江流域上下游生态保护区与受益区之间开展省际生态环境补偿。逐步提高国家级公益林森林生态效益补偿标准。加快建立资源型企业可持续发展准备金制度。对资源型企业依照法律和行政法规的有关规定提取用于环境保护、生态恢复等方面的专项资金，并准予税前扣除。

8."两个比照"政策。认真贯彻落实中部地区比照实施振兴东北地区等老工业基地和西部大开发有关政策的要求，积极落实中央财政转移支付、投资补助等各项政策及国家规定的省级配套政策，加大对萍乡老工业城市以及各县区的支持力度。全力支持将该市各县区全部纳入振兴赣南等原中央苏区政策扶持范围。

参考文献

中文文献

［1］弗朗索瓦·佩鲁:《新发展观》,华夏出版社,1987。

［2］张米尔:《市场化进程中的资源型城市产业转型》,机械工业出版社,2004。

［3］石奇:《产业经济学》,中国人民大学出版社,2008。

［4］姜春海、于立:《资源枯竭型城市产业转型研究》,中国社会科学出版社,2008。

［5］崔功豪、魏清泉、刘科伟:《区域分析与区域规划》,高等教育出版社,2006。

［6］高国力:《区域经济不平衡发展论》,经济科学出版社,2008。

［7］林峰:《可持续发展与产业结构调整》,社会科学文献出版社,2006。

［8］厉无畏:《转变经济增长方式研究》,学林出版社,2006。

［9］黄茂兴：《技术选择与产业结构升级：基于海峡西岸经济区的实证研究》，社会科学文献出版社，2007。

［10］朱德元：《资源型城市经济转型概论》，中国经济出版社，2005。

［11］李成军：《中国煤矿城市经济转型研究》，中国市场出版社，2005。

［12］江世银：《区域产业结构调整与主导产业选择研究》，上海三联书店、上海人民出版社，2004。

［13］赵文祥：《资源枯竭型城市劳动力转移规律与就业问题研究》，中国劳动社会保障出版社，2007。

［14］于立：《资源枯竭型国有企业退出问题研究》，中国社会科学出版社，2004。

［15］H. 钱纳里、S. 鲁滨逊：《工业化和经济增长的比较研究》，上海人民出版社，1995。

［16］伍海华：《产业发展论》，经济科学出版社，2004。

［17］苏东水：《产业经济学》，高等教育出版社，2000。

［18］费洪平：《中国区域经济发展》，科学出版社，1998。

［19］中国人民大学区域经济研究所编著《产业布局学原理》，中国人民大学出版社，1997。

［20］大卫·李嘉图：《政治经济学及赋税原理》，商务印书馆，1991。

［21］高峰：《发达资本主义国家经济增长方式的演变》，经济科学出版社，2006。

［22］郭克莎：《中国：改革中的经济增长与结构变动》，上海三联书店、上海人民出版社，1993。

［23］郭克莎：《工业增长质量研究》，经济管理出版社，1998。

［24］郭克莎：《结构优化与经济发展》，广东经济出版社，2001。

［25］罗斯托：《从起飞进入持续增长的经济学》，贺力平等译，四川人民出版社，1988。

［26］罗斯托：《经济增长的阶段》，郭熙保、王松茂译，中国社会科学出版社，2001。

［27］西蒙·库兹涅茨：《各国的经济增长》，常勋等译，商务印书馆，1985。

［28］西蒙·库兹涅茨：《现代经济增长：速度、结构与扩展》，戴睿、易诚译，北京经济学院出版社，1989。

［29］王辑慈：《创新的空间——企业集群与区域发展》，北京大学出版社，2001。

［30］田红娜：《中国资源型城市创新体系营建》，经济科学出版社，2009。

［31］杨治：《产业经济学导论》，中国人民大学出版社，1985。

［32］钱纳里、鲁滨逊、赛尔奎因：《工业化和经济增长的比较研究》，吴奇、王松宝等译，上海三联书店，1989。

［33］迪特尔·格罗塞尔：《德意志联邦共和国经济政策及实践》，晏小宝等译，上海翻译出版社，1992。

［34］萍乡市统计局编《萍乡统计年鉴2008》，中国统计出版社，2008。

［35］萍乡市统计局编《萍乡统计年鉴2009》，中国统计出版社，2009。

［36］萍乡市统计局编《萍乡统计年鉴2010》，中国统计出版社，

2010。

[37] 袁增伟、毕军、张玲:《中部地区资源型城市产业转移与产业升级实证研究》,科学出版社,2009。

[38] 钱勇:《资源枯竭型城市的界定及其政策涵义》,《辽宁工程技术大学学报》2007年第9期。

[39] 姜春海、于立:《资源枯竭型城市产业转型研究》,《南大商学评论》2007年第1期。

[40] 张秀生、陈先勇:《论中国资源型城市产业发展的现状、困境与对策》,《经济评论》2001年第6期。

[41] 陈靖:《对建设节约型政府的认识与思考》,《福建行政学院学报》2009年第2期。

[42] 黄爱宝:《从生态政治的视角看节约型政府建设》,《江苏社会科学》2006年第2期。

[43] 丁逸宁:《对产业结构高度化和协调化的思考——基于中国宏观经济数据的统计分析》,《中南财经政法大学研究生学报》2007年第3期。

[44] 王晓来:《发达国家老工业基地调整与改造的成功经验及其对我国的启示》,《大连大学学报》2004年第25期。

[45] 战彦领:《国有煤炭企业产业转型的障碍、模式及对策研究》,《煤炭经济研究》2007年第10期。

[46] 李晶:《资源枯竭型城市产业转型的"恒山模式"研究》,《财经问题研究》2006年第7期。

[47] 衡敦兴:《对煤炭资源枯竭型企业可持续发展的思考》,《研究·探索》2007年第10期。

[48] 黄友静:《资源枯竭型企业转型发展的成功实践》,《能源

技术与管理》2009 年第 3 期。

［49］ 焦华富:《西方国家煤矿区发展模式及其启示》,《海外之窗》2008 年第 5 期。

［50］ 柯文:《鲁尔工业区的振兴及其启示》,《管理世界》2008 年第 4 期。

［51］ 杨庆敏:《关于资源枯竭型产业地区振兴的研究——日本煤炭产业枯竭地区的产业振兴政策的启示》,《长春理工大学学报》2004 年第 17 期。

［52］ 田明:《我国煤炭城市转型发展研究》,《矿冶》2004 年第 13 期。

［53］ 李鸿渐:《资源枯竭型城市发展接续产业的金融支持问题研究》,《学术论丛》2009 年第 48 期。

［54］ 刘玉宝:《试论国外资源型城市发展替代产业的经验》,《枣庄学院学报》2007 年第 6 期。

［55］ 孙茜:《增长极理论与我国的知识经济发展》,《财经理论与实践》2000 年第 2 期。

［56］ 曾坤生:《佩鲁增长极理论及其发展研究》,《广西社会科学》1994 年第 2 期。

［57］ 安虎森:《增长极理论评述》,《南开大学经济研究所》1997 年第 1 期。

［58］ 黄家骅:《论非均质空间的经济分析》,《东南学术》2010 年第 2 期。

［59］ 郑道文:《佩鲁的经济空间理论》,《中南财经政法大学学报》2001 年第 5 期。

［60］ 贾继峰:《在国际竞争中调整产业结构》,《世界经济研究》

2001 年第 1 期。

[61] 郭克莎：《总量问题还是结构问题？——产业结构偏差对我国经济增长的制约及调整思路》，《经济研究》1999 年第 9 期。

[62] 郭庆旺、贾俊雪：《中国全要素生产率的估算：1978～2004》，《经济研究》2005 年第 6 期。

[63] 何大安：《资源配置与产业结构调整》，《当代经济科学》1994 年第 5 期。

[64] 何枫、陈荣、何林：《我国资本存量的估算及其相关分析》，《经济学家》2003 年第 5 期。

[65] 刘伟、李绍荣：《产业结构与经济增长》，《中国工业经济》2002 年第 5 期。

[66] 刘永呈、胡永远：《中国省际物质资本存量的估计：1952～2003》，《统计与决策》2006 年第 8 期。

[67] 吕铁、周叔莲：《中国的产业结构升级与经济增长方式转变》，《管理世界》1999 年第 1 期。

[68] 任若恩、刘晓生：《关于中国资本存量估计的一些问题》，《数量经济技术经济研究》1997 年第 1 期。

[69] 宋海岩、刘淄楠、蒋萍：《改革时期中国总投资决定因素的分析》，《世界经济文汇》2003 年第 1 期。

[70] 吴方卫：《中国农业资本存量的估计》，《农业技术经济》1999 年第 6 期。

[71] 盛科荣、孙威：《中国矿业城市经济增长的因素分析》，《矿业研究与开发》2004 年第 3 期。

[72] 国家计委宏观经济研究院课题组：《我国资源型城市的界

定与分类》,《宏观经济研究》2002年第11期。

[73] 郭淑芬、高策:《产业群与资源型区域的持续发展探析》,《中国软科学》2003年第2期。

[74] 赵秀峰:《论资源型城市的产业延伸与扩展》,《世界有色金属》2001年第4期。

[75] 汪克夷、刘荣、初庆春、白晶:《区域煤炭产业转型的理论研究》,《大连理工大学学报(社会科学版)》1999年第4期。

[76] 赵天石:《我国资源型城市产业结构转型的制约因素及对策分析》,《理论探讨》2004年第6期。

[77] 刘玉劲、陈凡、邢怀滨:《我国资源型城市产业转型的分析框架》,《东北大学学报(社会科学版)》2004年第3期。

[78] 王如松:《资源、环境与产业转型的复合生态管理》,《系统工程理论与实践》2003年第2期。

[79] 庞娟:《资源枯竭型城市产业转型的风险规避与产业创新》,《城市问题》2006年第4期。

[80] 姜春海:《资源枯竭型城市产业转型三机制研究》,《社会科学辑刊》2006年第5期。

[81] 张米尔、孔令伟:《资源型城市产业转型的模式选择》,《西安交通大学学报(社会科学版)》2003年第1期。

[82] 钱勇:《资源型城市产业转型的区域创新系统》,《辽宁工程技术大学学报(社会科学版)》2005年第5期。

[83] 武春友、叶瑛:《资源型城市产业转型问题初探》,《大连理工大学学报(社会科学版)》2000年第3期。

[84] 吴奇修：《资源型城市产业转型研究》，《求索》2005 年第 6 期。

[85] 于立、姜春海：《资源型城市产业转型应走"循序渐转"之路》，《决策咨询通讯》2005 年第 5 期。

[86] 张米尔、武春友：《资源型城市产业转型障碍与对策研究》，《经济理论与经济管理》2001 年第 2 期。

[87] 徐建中、赵红：《资源型城市可持续发展产业结构面临的问题及对策》，《技术经济与管理研究》2001 年第 3 期。

[88] 王元月、马蒙蒙、张一平：《以技术创新实现我国资源型城市的产业转型》，《山东社会科学》2002 年第 2 期。

[89] 安树伟、张杏梅：《资源枯竭型城市产业转型的科技支撑》，《资源·产业》2005 年第 6 期。

[90] 衰国强、贾涛、何吉成、王丽丽：《资源型地区经济发展产业及技术政策选择研究》，《地域研究与开发》1994 年第 2 期。

[91] 伍新木、杨莹：《政府对资源型城市发展的影响和作用》，《经济评论》2004 年第 3 期。

[92] 闫丽红：《资源枯竭型城市转型过程中的政府职能转变》，《长春大学学报》2007 年第 2 期。

[93] 姜春海：《资源枯竭型城市产业转型的财政政策扶持机制研究》，《财经问题研究》2006 年第 8 期。

[94] 张秀生、陈慧女：《我国典型资源枯竭型城市的可持续发展——基于 9 个典型资源枯竭型城市的分析》，《武汉理工大学学报（社会科学版）》2009 年第 3 期。

[95] 刘云刚：《大庆市资源型产业结构转型对策研究》，《经济

地理》2000 年第 5 期。

[96] 王晓来：《东北地区资源型城市产业转型与可持续发展的对策探析》，《学术交流》2005 年第 6 期。

[97] 宋冬林：《东北老工业基地资源型城市发展接续产业的理论认识》，《求是学刊》2004 年第 4 期。

[98] 张维达、王连忠：《东北资源枯竭型城市接续产业发展问题》，《吉林大学社会科学学报》2005 年第 5 期。

[99] 沙景华、佘延双：《东北资源型城市产业结构转换比较研究》，《中国矿业》2006 年第 8 期。

[100] 孟韬：《资源枯竭型城市产业转型的定位与实践——阜新、辽源两个国家试点城市的经验比较》，《社会科学战线》2007 年第 5 期。

[101] 张秀萍、张佳佳、刘莹、李猛：《资源枯竭民族地区产业升级的实践探索》，《中央民族大学学报（哲学社会科学版）》2010 年第 2 期。

[102] 牛冲槐、白建新：《山西煤炭资源型城市产业转型的思考》，《中国能源》2003 年第 7 期。

[103] 李文君、杨明川、史培军：《唐山市资源型产业结构及其环境影响分析》，《地理研究》2002 年第 4 期。

[104] 张米尔：《西部资源型城市的产业转型研究》，《中国软科学》2001 年第 8 期。

[105] 叶素文、刘朝明、付茂林：《西部资源型城市的产业转型与可持续发展——以新疆克拉玛依市为例》，《探索》2003 年第 5 期。

[106] 戈银庆：《中国西部资源型城市反锁定安排与接续产业的

发展》,《兰州大学学报（社会科学版）》2004 年第 1 期。

[107] 唐志强、亢凯：《资源枯竭型城市发展接续产业研究——以甘肃省白银市为例》,《甘肃省经济管理干部学院学报》2008 年第 1 期。

[108] 韩静、操满秀：《资源枯竭型城市经济转型的模式探讨——以景德镇为例》,《改革与战略》2011 年第 3 期。

[109] 田苗、武友德：《资源枯竭型城市产业转型实证研究》,《经济地理》2006 年第 4 期。

[110] 刘和平：《加快萍乡资源枯竭型城市转型发展》,《中国科技投资》2009 年第 5 期。

[111] 黄光文、胡曦：《萍乡历史文化旅游资源开发探析——兼议资源枯竭型城市萍乡接续产业发展的旅游视角》,《区域经济》2009 年第 11 期。

[112] 李秀香、汪忠华：《资源枯竭型城市经济转型的体制机制建设探讨——以萍乡为例》,《资源与产业》2010 年第 5 期。

[113] 傅春、林永钦、谢莉芳：《资源型城市协调发展评价研究——以萍乡市为例》,《长江流域资源与环境》2010 年第 10 期。

[114] 陈卫民：《实现资源城市产业转型协调发展——来自江西省萍乡市的调查分析》,《江西社会科学》2009 年第 12 期。

[115] 姚睿、胡兆量：《北美澳洲工矿城镇发展研究》,《城市发展研究》1997 年第 1 期。

[116] 宋冬林：《东北老工业基地资源型城市发展接续产业的理

论认识》,《求是学刊》2004 年第 4 期。

[117] 刘玉宝:《资源型城市产业转型的国际经验及其对我国的启示》,《世界地理研究》2005 年第 4 期。

[118] 余际从、李凤:《国外矿产资源型城市转型过程中可供借鉴的做法经验和教训》,《中国矿业》2004 年第 2 期。

[119] 李平:《从国外模式看我国资源型城市产业转型问题》,《山东科技大学学报(社会科学版)》2007 年第 2 期。

[120] 曲文轶:《俄罗斯经济增长与资源禀赋及产业结构》,《经济研究参考》2007 年第 7 期。

[121] 黄溶冰、胡运权、冯立析:《国外矿业城市产业结构调整的经验及对我国的启示》,《石油大学学报(社会科学版)》2005 年第 1 期。

[122] 钱勇:《国外资源型城市产业转型的实践、理论与启示》,《财经问题研究》2005 年第 12 期。

[123] 李猛、张米尔:《资源型城市产业转型的国际比较》,《大连理工大学学报(社会科学版)》2002 年第 1 期。

[124] 杨庆敏:《关于资源枯竭型产业地区振兴的研究——日本煤炭产业枯竭地区的产业振兴政策的启示》,《长春理工大学学报(社会科学版)》2004 年第 1 期。

[125] 宋茜:《从资源枯竭中涅槃——解析科技大开放的"萍乡现象"》,《江西日报》2010 年 10 月 4 日,第 2 版。

[126] 陈卫民:《以城市转型助推跨越发展》,《江西日报》2010 年 2 月 22 日,第 B3 版。

[127] 陈卫民:《走符合科学发展要求的转型之路》,《人民日报》2009 年 6 月 29 日。

［128］弗朗索瓦·佩鲁:《略论"增长极"的概念》,载郭熙保《发展经济学经典论著》,中国经济出版社,1998。

［129］宋兆礼:《转型经济增长方式及影响因素的实证研究——以山东省为例》,山东大学博士学位论文,2006。

［130］王青云:《看资源型城市如何转型》,《发展》2003年第8期。

［131］陈涛:《德国鲁尔工业区衰退与转型研究》,吉林大学博士学位论文,2009。

英文文献

［1］Devarajan, Shanta, DelfinGo, Jeffrey D. Lewis, Sherman Robinson and Pekka Sinko (1997), "Simple General Equilibrium Modeling," in Joseph F. Francois and Kenneth A. Reinert (ed.), *Applied Methods for Trade Policy Analysis*, Cambridge: Cambridge University Press.

［2］Dervis, K., De Melo, J. and Robinson, S. (1982), *General Equilibrium Model——A New Approach*, Oxford: Oxford Press.

［3］Hertel, Thomas W. (1997), *Global Trade Analysis: Modeling and Applications*. Cambridge: Cambridge University Press.

［4］J. R. Boudeville (1966), *Problems of Regional Economic Planning*, Edinburgh: Edinburgh University Press.

［5］Eltis (2000), *The Classical Theory and the Economics of Growth*, Basingstoke: Macmillan.

［6］A. Kuklinski and R. Peterlla, eds. (1972), *Growth Poles and*

Regional Policies, The Hague: Mouton.

[7] B. Higgins and D. J. Savoie, eds. (1988), *Regional Economic Development*, Bosfon: Unwin Hyman Ltd.

[8] Richard Eden and Michael Posner (1981), *Energy Economics - Growth, Resources and Policies*, Cambridge: Cambridge University Press.

[9] Armington, P. (1969), "A Theory of Demand for Products Distinguished by Place of Production," IMF Staff Papers, 16 (March), pp. 159 – 178.

[10] Ezaki, Mitsuo (2001), "Asian Economy in Future: An Econometric Analysis of Growth Perspectives," *Economic Achievement in Asia*, Tokyo: Toyo-Keizai, pp. 171 – 196. (in Japanese).

[11] Pyatt, G. (1985), "Commodity Balances and National Accounts: A SAM Perspective," *Review of Income and Wealth*, 31 (2), pp. 155 – 169.

[12] Francois Perroux. (1950), "Economic Space: Theory and Application," *Journal of Economics*, 64.

[13] Bradbury J. H. (1988), "Restructuring Asbestos Mining in Western Canada," *The Canadian Geography*, 32 (4).

[14] Bart VersPagen. (1999), "Technology Spillovers between and over Time," *Technological Forecasting and Social Change*, 60 (1).

[15] Porter. M. E. (2000), "Location, Competition, and Economic Development: Local Clusters in a Global

Economy," *Economic Development Quarterly*, 14 (1).

[16] M. J. Farrell. (1957), "The Measurement of Productive Efficiency," *Journal of Royal Statistical Society*, Series A. Part3.

[17] O' Faircheallaihg C. (1988), "Economic Base and Employment Structure in Northern Territory Mining Towns," *Australia*, (6), pp. 70 – 71.

[18] Bradbury J. H. (1988), "Living with Boom and Cycles: New Towns on the Resource Frontier in Canada Resource Communities," CSIRO, Australia, pp. 3 – 19.

[19] Randall J. E. and Ironside R. G. (1996), "Communities on the Edge: an Economic Geography of Resource-Dependent Communities in Canada," *the Canadian Geographer*, 40 (1), pp. 17 – 35.

[20] Houston. D. S. (1993), "Long-Distance Community: A New Approach to Mining in Australia," *Geographical Journal*, (3), pp. 281 – 290.

[21] Todd. D. (1997), "North-South Energy Resource Transfers in German and the Port Intermediary," *Applied Geography*, (3), pp. 45 – 47.

[22] Marsh B. (1987), "Continuity and Decline in the Anthracite Towns of Pennsylvania," *Annals of the Association of American Geographers*, 77 (3), pp. 337 – 352.

[23] Gunning, J. W. and Keyser, M. (1993), Applied General Equilibrium Models for Policy Analysis, *Handbook of Development Economics*.

后　记

2007年12月18日，国务院发布《关于促进资源型城市可持续发展的若干意见》后，萍乡市成为经国务院批准的，由国家发改委、国土资源部、国务院振兴东北办联合下文确定的我国首批12个资源枯竭转型试点城市之一。

自此萍乡市一直致力于产业结构转型升级的实践活动。萍乡市政府出台一系列政策，引导产业结构转型升级。在产业结构转型过程中，大力推进传统优势产业的改造，积极培育新兴产业；通过建设一区五园二十个产业基地，形成产业集群；确定以科技创新作为经济转型的主战略之一，通过实施科技大开放、大联合来发展创新型经济，并已取得显著成效。本书对萍乡市在产业结构转型过程中的实践活动进行了系统的总结分析，并将其与国外资源型城市产业结构转型作了比较分析，以期与致力于资源型城市产业结构转型问题研究的同行共享。

本书所作的一些理论与现实思考，不可避免地存在研究角度、认识视野和材料占有方面的局限，敬请各位读者指正。萍乡市产业结构转型过程远未结束，还任重道远，还会出现新情况、新问题，有待于更进一步的创新实践。因此热忱欢迎广大学界、政界和致力于资源型城市产业结构转型问题研究的同行加入到"资源型城市产业结构转型"的研究中来，与我们一起研究资源型城市产业结构转型中出现的新情况、新问题，推动此项研究在更广领域和更深层次的探索与创新。

最后要感谢江西省社科联设立的江西省哲学社会科学成果资助出版项目；感谢评审专家对作者和本研究的厚爱，将此书列为江西省哲学社会科学成果资助出版；感谢社会科学文献出版社的编辑提出的宝贵意见，付出的辛勤劳动。在本项目的研究和写作过程中，傅征、杨亮、吴莎娟、吴显华、黄晓瑞等进行了参与，并撰写了部分初稿，在此一并表示感谢。

陈卫民
2012 年 12 月

图书在版编目(CIP)数据

资源型城市产业结构调整与优化：以江西省萍乡市为例/陈卫民，张奇林，江耘著.—北京：社会科学文献出版社，2013.11
（江西省哲学社会科学成果文库）
ISBN 978 - 7 - 5097 - 5127 - 5

Ⅰ.①资… Ⅱ.①陈…②张…③江… Ⅲ.①城市经济－产业结构调整－研究－萍乡市②城市经济－产业结构优化－研究－萍乡市 Ⅳ.①F299.275.63

中国版本图书馆 CIP 数据核字（2013）第 234978 号

·江西省哲学社会科学成果文库·

资源型城市产业结构调整与优化
——以江西省萍乡市为例

著　者 / 陈卫民　张奇林　江　耘

出 版 人 / 谢寿光
出 版 者 / 社会科学文献出版社
地　　址 / 北京市西城区北三环中路甲 29 号院 3 号楼华龙大厦
邮政编码 / 100029

责任部门 / 社会政法分社（010）59367156　　责任编辑 / 赵慧英　关晶焱　孟慧新
电子信箱 / shekebu@ssap.cn　　　　　　　　责任校对 / 白　云
项目统筹 / 王　绯　周　琼　　　　　　　　 责任印制 / 岳　阳
经　　销 / 社会科学文献出版社市场营销中心（010）59367081　59367089
读者服务 / 读者服务中心（010）59367028

印　　装 / 三河市尚艺印装有限公司
开　　本 / 787mm×1092mm　1/16　　　印　张 / 15.75
版　　次 / 2013 年 11 月第 1 版　　　　　字　数 / 181 千字
印　　次 / 2013 年 11 月第 1 次印刷
书　　号 / ISBN 978 - 7 - 5097 - 5127 - 5
定　　价 / 58.00 元

本书如有破损、缺页、装订错误，请与本社读者服务中心联系更换
版权所有　翻印必究